CARTAS ESPIRITUALES

DE SAN FRANCISCO DE SALES
ESCOGIDAS PARA PERSONAS DE VARIOS ESTADOS

LETRA GRANDE

LA ATENAS
DE AMÉRICA

[Título original: *Cartas espirituales de San Francisco de Sales, escogidas para personas de varios estados*. Barcelona, Librería religiosa, con aprobación del ordinario, 1864]

Cartas espirituales de San Francisco de Sales, escogidas para personas de varios estados. Letra grande.
Digitalización: Google books
ISBN: 9798824111095
La Atenas de América
Mayo de 2022
Edición para AMAZON: Jesús Arroyo Cruz
publicahoy05@gmail.com

NOTA DEL EDITOR

La *Carta II. A una señorita soltera. Enséñala a desprenderse de los deseos que inquietan el alma, a tener paciencia en sus imperfecciones y aplicarse a ejecutar bien las cosas del momento, sin dejarse llevar del deseo de otras que están por venir;* y la *Carta XVIII. A una religiosa. Muéstrale las señales por donde se puede conocer si nuestros afectos de devoción vienen de Dios, o del espíritu maligno* están incompletas en la edición de 1864, por lo que, se decidió excluirlas de la presente edición. El resto del contenido, fue revisado y corregido, en su caso.

ÍNDICE

son unirse con Dios y amar al prójimo, y que debe procurar hacer amable su devoción

VICARÍA ECLESIÁSTICA DE MADRID

Nos el Dr. D. José de Lorenzo y Aragonés, presbítero, Consejero real de Instrucción pública y Vicario eclesiástico de esta M. H. villa de Madrid y su partido, etc.

Por la presente y por lo que a Nos toca, concedemos nuestra licencia para que puedan reimprimir y publicarse nuevamente las veinte y cinco "Cartas escogidas de las mejores de san Francisco de Sales", que la Academia de San Miguel pretende dar a luz para la propagación de buenos libros: mediante que de nuestra orden han sido examinadas y no contienen, según la censura, cosa alguna contraria al dogma católico y sana moral. Madrid y abril veinte y dos de mil ochocientos sesenta y cuatro.— Doctor Lorenzo.—Por mandado de S. S. I.,— Lic. Juan Moreno González.

ADVERTENCIA

Las *Cartas* de San Francisco de Sales han sido siempre leídas con gran devoción y aprovechamiento por todas las personas devotas y que desean adelantar en la vida espiritual. Por desgracia la traducción española de ellas es tan rastrera e incorrecta, su lenguaje tan plagado de galicismos y tan poco castellano, que su lectura se hace insoportable aun a las personas de mediano gusto.

Por otra parte, las ediciones antiguas se han agotado, y no se hallan fácilmente los dos tomos de dichas *Cartas*. En la imposibilidad de traducirlas todas e imprimirlas nuevamente, se han escogido veinte y cinco de las más notables, y para personas de distintos estados y condiciones, a fin de formar con ellas un tomito, guardando entre sí cierta correlación y armonía.

Para su mayor corrección se ha tenido a la vista la edición francesa de París de 1817; si bien el distinto orden con que van colocadas las ochocientas cuarenta de aquella colección ha hecho que no todas puedan ser halladas.

Tales son los motivos y el objeto de esta nueva publicación de algunas *Cartas* escogidas de San Francisco de Sales, la cual se hace por la *Academia de San Miguel,* sin ningún fin temporal ni literario, sino solamente para el aprovechamiento espiritual de las almas.

CARTAS ESPIRITUALES

DE SAN FRANCISCO DE SALES

ESCOGIDAS PARA PERSONAS DE VARIOS ESTADOS

LETRA GRANDE

CARTA I
A UNA SEÑORITA SOBRINA SUYA

Exhórtala a conformar siempre su voluntad con la de Dios, y a la mortificación de su corazón.[1]

Mi querida sobrina: El otro día te escribí; más mi corazón, que tiernamente te quiere, no se satisface sin dar por lo menos este débil testimonio de escribirle lo más frecuentemente que puedo. Procura vivir toda en Nuestro Señor, mi querida hija, y esta sea el agua en que nade ese tu corazón.

Así como los que andan por la maroma tienen siempre en las manos el balancín, por dar igual vaivén al cuerpo en la variedad de movimientos que han de hacer en tan peligroso sendero; así también debes tener la santa cruz de Nuestro Señor, para andar seguramente entre los peligros que la variedad de accidentes y conversaciones pueden ocasionar a tus afectos; de suerte que todos tus movimientos sean arreglados por el contrapeso de la única y amabilísima voluntad de Aquel a quien has dedicado todo tu cuerpo y todo tu corazón.

Conserva bien ese corazón, por el cual el corazón de Dios se contristó hasta la muerte, y después de la muerte fue traspasado con hierro, para que el tuyo viva después de la muerte, y esté gozoso toda su vida. Mortifícale bien en sus alegrías, y alégrale en sus mortificaciones, y *anda,* querida sobrina, quiero decir, que adelantes siempre valerosamente de virtud en virtud, hasta que llegues a alcanzar el sumo grado del amor divino: pero nunca llegarás al cabo; porque este

---

[1] Esta carta es la XXIII del libro IV en la traducción española de cartas del Santo, y la DCCVIII de la edición francesa, tomo III, pág. 303.

santo amor no es menos infinito que su objeto, que es la soberana bondad.

Adiós, mi querida sobrina, ámame siempre como a quien más que nadie en el mundo le desea los más verdaderos y sólidos consuelos. Sí, hija mía, deseo la abundancia del amor divino, que es y será eternamente el único bien de nuestros corazones, que no nos fueron dados sino para Aquel que nos dio todo el suyo.

Soy muy sinceramente todo tuyo, querida sobrina e hija mía.

Francisco, *Obispo de Ginebra.*

CARTA III
A UNA SEÑORITA

Exhórtala a confesar sus buenas resoluciones, la consuela en sus aflicciones, y le muestra que las mejores son las que nos humillan.[2]

Señorita: Cuidadosamente guardaré el papel de su voto, y Dios guardará la firmeza de él. Su divina Majestad ha sido su autor, y será su conservador: a propósito de esto repita V. muchas veces la oración de san Agustín, o *Señor, veis aquí un polluelo que ha salido debajo de las alas de vuestra gracia: si se aparta de la sombra de su madre, el milano le cogerá. Haced, pues, que viva al amparo y abrigo de la gracia que le ha producido.*

Pero mire V., hermana mía: no solo se ha de pensar si esta resolución será duradera; es menester tenerla por tan cierta y determinada, que nunca haya duda en ella. Mucho me obliga V. con decirme las dos palabras, que me escribe acerca de sus inclinaciones: sobre ellas digo, que nuestras acciones, por pequeñas que sean, desgarran nuestra alma cuando nos salen mal.

Procure V. tenerlas a la mano y no desestimarlas, porque valen mucho en el peso del santuario.

El deseo de retirarse de las conversaciones no es propio del trato en que tenemos que vivir, porque es necesario abandonar el anhelo de combatir. Pues bien, esto último nos es necesario, al paso que es imposible lo primero.

---

[2] La carta II de la edición de 1864, que es la DCCLX de la edición francesa (tomo 111, pág. 399) fue excluida por estar incompleta. La carta III es la XXI del libro V en la traducción española, y la DCCLXVII de la edición francesa.

Además, que donde no hay peligro de pecado mortal, no hay que huir, sino vencer todos nuestros enemigos, y cerrarse en esto sin perder el ánimo, aunque alguna vez seamos vencidos.

Ciertamente, querida hija mía, espere V. de mí todo cuanto pudiera esperarse de un verdadero padre, porque seguramente tal afecto tengo para con V.: ya lo conocerá en adelante, si Dios me asiste.

Ahora, pues, hija mía, que anda V. afligida, está como conviene para servir bien a Dios; porque las aflicciones sin abatimiento, muy de ordinario hinchan el corazón en lugar de humillarle; pero cuando se tiene un mal sin honra, o cuando la misma deshonra, vileza, o abatimiento son nuestro mal, ¡oh qué grande ocasión de ejercitar la paciencia, la humildad, la modestia y la mansedumbre de corazón!

El glorioso san Pablo se regocijaba con una humildad santamente gloriosa, de que era con sus compañeros despreciado *como las basuras y desperdicios del mundo*.[3]

Me dice V. que tiene todavía el sentimiento muy vivo para las injurias; pero, querida hija, este *todavía* ¿a qué se refiere? ¿Ha mimado V. muchos de aquellos enemigos? Quiero decir, que conviene tener ánimo y confianza de portarse mejor de aquí adelante, puesto que no hacemos más que empezar, y con todo eso tenemos deseo de obrar bien.

Para que logre V. enfervorizarse en la oración, hay que desearla mucho: lea con gusto sus alabanzas, que están esparcidas por muchos libros, tal como Fr. Luis de Granada, al principio del Belintany, y en otras

---

[3] I Cor. IV, 13.

partes; porque el apetito de un manjar hace que se procure el comerlo.

Muy dichosa es V., hija mía, en haberse dedicado a Dios. Acuérdese de lo que hizo san Francisco, cuando su padre le obligó a desnudarse delante del Obispo de Asís. *Ahora sí,* dijo, *podré decir, Padre nuestro, que estás en los cielos. Mi padre y mi madre,* dice David,[4] me *han desamparado; pero el Señor ha tenido a bien acogerme.*

No ande V. con preámbulos cuando me escriba, porque no hay necesidad de eso, pues con tanta voluntad estoy dedicado a mirar por su alma. Dios la bendiga con sus grandes bendiciones y la haga toda suya. Amén.

Francisco, Obispo *de Ginebra.*

---

[4] Psalm. XXVI, 10.

CARTA IV
A UNA SEÑORA

Exhórtala a que se dé toda a Dios.[5]

Carísima hija: Dígole a V. de todo mi corazón: ¡Oh Dios! entregaos toda a Dios en esta vida mortal, sirviéndole fielmente entre las penas que hay en ella, llevando la cruz en pos de Él, y bendiciéndole eternamente en la vida perdurable con toda la corte celestial.

El gran bien de nuestras almas es ser de Dios, y el grandísimo bien, no ser sino de Dios. Quien no es sino de Dios, no se contrista jamás, sino de haber ofendido a Dios, y la tristeza que de eso tiene, viene a parar en una profunda, pero tranquila y apacible humildad y sumisión, y tras de ella se eleva a la bondad divina por una dulce y perfecta confianza, sin congoja ni indignación.

El que no es sino de Dios, nada busca sino a Él; y porque su divina Majestad no está menos en la tribulación que en la prosperidad, permanece tranquilo aún en medio de las adversidades. Quien no es sino de Dios, piensa continuamente en Él en todas las ocasiones de esta vida. Quien no es sino de Dios, quiere que todos sepan que trata de servirle, y se ensaya en hacer los ejercicios convenientes para unirse con Él. Sea V., pues, toda de Dios, mi carísima hija, y no sea sino de Él, no deseando sino agradarle, y a sus criaturas en Él, según Él, y por Él. ¿Qué mayor bendición puedo desear a V.? Así, pues, con este deseo que tendré incesantemente del bien de su alma, mi amada hija, quédese con Dios; y suplico a V. que me encomiende a menudo a su misericordia, pues quedo su más humilde servidor.

Francisco, *Obispo de Ginebra.*

---

[5] Es la XXV del libro VI de la traducción española.

CARTA V
A UNA SEÑORITA

Exhórtala al menosprecio del mundo, y a que se abstenga de los chistes mundanos que solía usar.[6]

Respondo a la última de V., mi buena hija. Las ansias de amor en la oración son buenas, si dejan buenos efectos, y no la aficionan a sí misma, sino a Dios y a su santa voluntad: en una palabra, todos los movimientos interiores y exteriores, que fortalezcan esa su adhesión a la voluntad divina, serán siempre buenos.

Procure V., pues, amar mucho los conatos celestiales, y desear también eficazmente los celestiales amores. Se ha de desear el amar, y amar el desear lo que jamás puede ser bastantemente amado ni deseado.

Dios le dé a V. gracia, hija mía, para menospreciar de todo punto el mundo, que es tan malo para nosotros, que nos crucifica así que ve que le vamos a crucificar. Así es que las abnegaciones mentales de las vanidades y comodidades mundanas se hacen fácilmente; pero las reales son mucho más difíciles.

Hállase pues, V., en disposición de practicar esta virtud extremadamente, pues a esa privación se junta el oprobio, y se hace en V., sin V., y por V.; antes bien en Dios, con Dios, y por Dios.

No estoy satisfecho de lo que dije a V. el otro día acerca de su primera carta, en cuanto a esas agudezas mundanas y esa viveza de corazón que la domina a V. Hija mía, hay que tratar resueltamente de mortificarse

---

[6] Es la LXVIII del libro IV en la traducción española, y la DCCLXIX en la edición francesa.

en esto. Haga V. a menudo la cruz sobre la boca, para que no se abra sino para cosas de Dios.

Ello es cierto que el buen ingenio nos causa algunas veces no poca vanidad; y se subleva más veces la altivez del espíritu que la del rostro, y se alegran tanto los ojos por las palabras, como por las miradas. Verdaderamente no es bueno andar de puntillas, ni de espíritu ni de cuerpo, porque si se tropieza, la caída es más sensible.

En fin, hija mía, ponga V. mucho cuidado en cortar poco a poco esta lozanía de su árbol. Tenga V. su corazón todo abatido y postrado al pie de la cruz. Continúe avisándome con franqueza y frecuentemente las nuevas de ese corazón, que el mío ama con un grande amor por el que murió de amor, para que nosotros viviésemos por amor en su santa muerte.

Viva Jesús.

Francisco, *Obispo de Ginebra.*

CARTA VI
A UNA SEÑORITA

Que el estado del matrimonio requiere una gran virtud, y que procure que el marido que hubiere de aceptar, sea de carácter afable.[7]

Señorita: Respondo a su carta de 2 de este mes, más tarde de lo que yo quisiera, respecto de la calidad del parecer y consejo que V. me pide; más las grandes lluvias han impedido a los correos el ponerse en camino; a lo menos hasta ahora no he tenido proporción segura.

El consejo que esa buena prima le da a V. tan constantemente, de que persevere V. así en el servicio de su padre y en estado de consagrar después su corazón y su cuerpo a Nuestro Señor, está fundado sobre un gran número de consideraciones, sacadas de muchas circunstancias de la posición de V.: por esta causa, si el espíritu de V. se hallara en una plena y entera indiferencia, sin duda alguna hubiera dicho que convenia seguir ese consejo, como el más digno y el más propio que se pudiera proponerle, porque sin dificultad es tal: mas, puesto que su espíritu no está en la indiferencia, antes totalmente resuelto a casarse, y no obstante que V. ha recurrido a Dios, todavía se siente inclinada a ello, no conviene que haga violencia a una tan fuerte impresión por estas consideraciones; porque todas las circunstancias, que por otra parte fueran más que suficientes para hacerme decidir por la primera, no tienen fuerza en comparación de esa fuerte inclinación y propensión que V. tiene, la cual a la verdad, si fuera flaca y débil, sería poco atendible; más siendo poderosa y firme, debe servir de fundamento a la resolución.

---

[7] Esta carta es la VII del lib. III.

Pues si el marido, que a V. le proponen, es por otra parte acomodado, hombre de bien, y de condición piadosa, bien puede aceptarle; digo si es de condición afable, porque ese defecto corporal de V. requiere eso, como él pretende de V., que supla ese defecto con una gran dulzura, con un sincero amor y con una humildad muy resignada; y en suma, la verdadera virtud y perfección del espíritu encubre generalmente las faltas del cuerpo.

Estoy muy ocupado, y no puedo decirle muchas cosas: acabaré, pues, asegurando a V. que la encomendaré siempre a Nuestro Señor, para que disponga de la vida de V. para gloria suya.

El estado del matrimonio es un estado que requiere más virtud y constancia que otro alguno, es un perpetuo ejercicio de mortificación, y puede ser que para V. lo sea más de lo ordinario: es necesario, pues, disponerse para él con un cuidado particular, para que de esta planta de lomillo pueda, a pesar de la amargura natural, sacar y hacer la miel de una santa conversación. El dulce Jesús sea siempre su azúcar y su miel, que haga suave la vocación de V., y viva y reine para siempre en nuestros corazones: yo soy en Él.

Francisco, *Obispo de Ginebra.*

CARTA VII
A UNA SEÑORA CASADA

Dale muchas máximas espirituales para vivir constantemente con devoción.[8]

Plega al Espíritu Santo inspirarme lo que tengo de escribir, señora, y, si place a V., mi amada hija. Para vivir constantemente en devoción, solo es necesario establecer en el espíritu fuertes y excelentes máximas. La primera que deseo consignar en el de V., es de san Pablo, que dice: *Todas las cosas ayudan para el bien de los que aman a Dios.*[9]

Y a la verdad, pues Dios puede y sabe sacar bien de mal; ¿por quién hará Él esto, sino por aquellos que sin reserva se le han entregado? Es cierto que los mismos pecados, de los cuales Dios nos libre por su bondad, los convierte la Providencia divina en bien de los suyos. Jamás David llegara a tanta humildad, si no hubiese pecado; ni la Magdalena a ser tan amante de su Salvador, si no la hubiese perdonado sus pecados, y no se los hubiera perdonado si ella no los hubiera cometido. Mire V., querida hija, cómo este grande Artífice de misericordia convierte nuestras miserias en gracias, y hace saludable triaca para nuestras almas de la víbora de nuestras maldades.

Dígame pues, ¿qué no hará de nuestras adicciones, de nuestros trabajos y de las persecuciones que se nos hace sufrir? Si le sucediere a V. alguna vez que le sobrevenga algún disgusto, sea como fuere, asegure a su alma que si ama bien a Dios, todo se convertirá en bien; y aunque no vea los medios por donde esté bien puede venir, asegúrese V. tanto más de que vendrá.

---

[8] Esta carta es la II del libro II en la versión española, y la DCCLXXVII de la edición francesa.
[9] Rom. VIII, 27.

Si Dios le pone a V. el todo de la ignominia sobre los ojos, es para darle hermosa vista y hacerla espectáculo de honor. Si le hace Dios dar una caída como a san Pablo, a quien derribó en tierra, es por elevar a V. a la gloria.

La segunda máxima es, que es su Padre, porque de otra suerte no mandara decir, *Padre nuestro que estás en los cielos*:[10] ¿y qué puede temer V., que es hija de tal Padre, sin cuya providencia jamás se le caerá un solo cabello de su cabeza? Maravilla es que, siendo hijos de un Padre tal, tengamos, o podamos tener cuidado de otra cosa, que de amarle y servirle bien.

Tenga V. el que Dios quiere que haya de su persona, y en su familia, y no más; porque de esta suerte verá que su divina Majestad tiene cuidado de V. Piensa en mí, dijo a santa Catalina de Sena, cuya fiesta celebramos hoy, y Yo pensaré en ti. ¡Oh *Padre eterno!* dice el Sabio, *vuestra providencia gobierna todas las cosas*.[11]

La tercera máxima que debe V. tener presente, es aquella que Nuestro Señor enseñó a sus Apóstoles:[12] *¿Qué es lo que os ha faltado?* Mire V., hija mía: Cristo envió a los Apóstoles a una parte y a otra, sin dinero, sin báculo, sin zapatos, sin alforjas, vestidos con una túnica sola, y en volviendo les dijo: *Cuando yo os envié así, ¿qué os faltó?* Y ellos respondieron: *Nada*.

Ahora pues, hija mía, cuando ha tenido V. aflicciones, aun en el tiempo en que no confiaba tanto en Dios, ¿pereció en la aflicción? Dirá V. que no; pues ¿por qué ahora no tendrá ánimo para salir de todas las otras adversidades? Si no la ha desamparado Dios hasta

---

[10] Matth. VI, 9.
[11] Sap. XIV, 6.
[12] Luc. XXV, 35.

la hora presente, ¿cómo la dejará desde ahora, que V. quiere ser suya más que antes?

No tenga V. aprensión por los malos sucesos de este mundo, que puede ser que no se lleguen a realizar; y en todo caso, si sobrevinieren, Dios le dará fuerzas. A san Pedro le mandó andar sobre las aguas; y san Pedro, viendo el viento y la tempestad, tuvo miedo, y la aprensión le hizo titubear y pedir socorro al Señor, el cual le dijo: *Hombre de poca fe, ¿por qué dudaste?*[13] y dándole la mano le aseguró. Si Dios le hace a V. andar sobre las olas de la adversidad, no dude, hija mía, no vacile: Dios está con V., buen ánimo, y se verá libre.

La cuarta máxima es la de la eternidad. Poco me importa estar de cualquiera suerte en estos momentos transitorios, con tal que esté eternamente en la gloria de mi Dios. Hija mía, a la eternidad caminamos, casi tenemos ya en ella un pie: como llegue a ser dichosa, ¿qué importa que sean desgraciados estos instantes pasajeros? ¿Es posible que sabiendo que nuestras tribulaciones de tres o cuatro días obran en nosotros tanto para la eterna consolación, no queramos soportarlas? En fin, mi querida hija,

Lo que no es para la eternidad,

No puede ser sino vanidad.

La quinta máxima es aquella del Apóstol: *No me suceda que yo me gloríe, sino en la cruz de mi Jesús.*[14]

Plante V. en su corazón a Jesucristo crucificado, y todas las cruces de este mundo le parecerán de rosas. Los que están picados de las espinas de la corona de Nuestro Señor, que es nuestra cabeza, sienten poco las otras picaduras.

---

[13] Matth. XIV, 13.
[14] Galat. VI, 14.

Todo lo que le he dicho a V., lo hallará en el tercero, cuarto o quinto libro, y en el postrero de la *Práctica del amor de Dios;* y también hallará muchas cosas a este propósito en la preciosa *Guía de pecadores* por Fr. Luis de Granada. Es necesario que acabe, porque me dan priesa. Escríbame V. con franqueza, y señáleme lo que le pareciere que yo puedo hacer por su corazón, y el mío le corresponderá afectuosísimamente, porque soy con toda verdad, señora, su muy humilde y seguro servidor.

Anecy, 28 de abril.

Francisco, *Obispo de Ginebra.*

CARTA VIII
A UNA SEÑORA CASADA

Instrúyela acerca del modo de arreglar bien sus devociones, y cómo se ha de portar en las conversaciones donde se murmura.[15]

No crea V. jamás, mi carísima hija, que la distancia de los lugares puede apartar las almas que Dios ha unido con los lazos de su amor. Los hijos del siglo están todos separados los unos de los otros, porque tienen puestos sus corazones en diversos lugares; más los hijos de Dios, teniendo sus corazones donde está su tesoro, y no teniendo más que un mismo tesoro, que es el mismo Dios, están todos los días juntos y reunidos.

Con esta consideración conviene recrear nuestros espíritus en la necesidad, que me tiene fuera de esa ciudad, la cual también me ayudará a marcharme muy presto para volver a mi cargo. Podremos vernos los dos muy a menudo junto a nuestro santo Crucifijo, si guardamos bien las palabras que nos hemos dado: aquí es donde las entrevistas son únicamente provechosas.

Entre tanto, carísima hija, comenzaré a decir a V., que por lodos los medios que le fueren posibles debe V. fortificar su espíritu contra esas vanas aprensiones que suelen combatirle y atormentarle; y para eso arregle primeramente sus ejercicios de tal suerte, que lo dilatado de ellos no fatigue su alma y los haga odiosos a las personas con quien Dios le ha hecho a V. vivir: un medio cuarto de hora, y aún menos también, basta para la preparación de la mañana:[16] tres cuartos de hora o

---

[15] Esta carta es la XIX del libro II en la versión española, y la DCCXXXI da la edición francesa.

[16] Téngase en cuenta que san Francisco de Sales escribe a una señora que por su posición social, estando rodeada siempre de familia, criados y ocupaciones, apenas tenía tiempo para darse a la

una hora para la misa, y en el discurso del día algunas elevaciones de espíritu en Dios, que no ocupan mucho tiempo, antes se hacen en un momento, y el examen de conciencia a la tarde antes de comer, dejando aparte las bendiciones de la mesa y acciones de gracias, que son ordinarias, y sirven dé reuniones del corazón con Dios.

En una palabra, quisiera que fuese V. toda una *Filotea,* y no más que ella, es decir, que fuera V. como indicó en el libro de la *Introducción a la vida devota,* que escribí para V. y otras por el estilo.

En las conversaciones, mi querida hija, tenga V. paz por todo lo que allí se dice y hace; porque si es bueno tiene de qué alabar a Dios, y si es malo le proporciona en qué servirle, apartando el corazón de ello, sin hacerse la aturdida ni enfadada, pues no puede V. remediarlo, ni tiene V. bastante influencia para impedir las malas palabras de quien las quiere decir, y aun las dirá peores si se dan muestras de querérselas estorbar; porque haciéndolo así permanecerá inocente y pura en medio de los silbos de las serpientes, y como una amable fresa, no contraerá veneno alguno en el comercio de las lenguas venenosas.

No comprendo cómo admite V. esas grandes tristezas dentro de su corazón, siendo hija de Dios, dejada mucho tiempo ha en el seno de su misericordia y consagrada a su amor.

Debe V. alegrarse, menospreciando todas esas sugestiones tristes y melancólicas, que le trae el enemigo con el fin de fatigarla y traerla mareada.

Ponga mucho cuidado en practicar bien la humilde dulzura que debe a su amado esposo y a todo el mundo, porque esta es la virtud de las virtudes que tanto nos

---

oración, y por ese motivo le designa el mínimo de lo que debe hacer.

encomendó Nuestro Señor; y si le sucediere a V. contravenir a esto, no se turbe, antes con toda confianza vuelva V. a ponerse en pie, para caminar rectamente en paz y quietud como antes.

Con esta envío a V. un pequeño método para unirse con Nuestro Señor por la mañana y todo el día. Esto es, hija, lo que al presente he pensado decirle para su consuelo: resta ahora pedir a V. que no use de tantos cumplimientos conmigo, que no tengo lugar ni ganas de usarlos con V.

Escríbame con toda libertad cuando quisiere, porque siempre recibiré con gusto las noticias de su alma, que la mía perfectamente ama.

Como es verdad, mi carísima hija, soy su más humilde servidor en Nuestro Señor.

Francisco, *Obispo de Ginebra.*

CARTA IX
A UNA SEÑORA

Parece ser la misma a quien va dirigida la anterior. Trata de los ejercicios de devoción y del tranquilo sufrimiento.[17]

Mi señora y muy amada hija: Por la digna portadora de esta sabrá V. la muchedumbre grande de negocios en que me hallo al escribir esta, lo cual me servirá de excusa si no fuere tan largo como quisiera.

Debe V. medir el tiempo de sus oraciones con la cantidad de sus obligaciones: pues ha sido Nuestro Señor servido de ponerla en un género de vida, en la cual perpetuamente tiene distracciones, es necesario que se acostumbre V. a oraciones breves, pero tan frecuentes, que jamás las deje sin grande necesidad.

Yo quisiera que por la mañana al levantarse, se hincara V. de rodillas delante de Dios, para adorarle, hacer la señal de la cruz, y pedirle su bendición por todo el día, todo lo cual se puede hacer en el tiempo en que se dicen uno o dos Padre nuestros.

Si tuviese V. proporción de oír misa, bastará que la oiga con atención y reverencia, como se advierte en el libro de la *Introducción,* rezando el santo Rosario.

A la noche, antes de acostarse, o por entonces, podrá fácilmente hacer unas pocas oraciones fervorosas, arrojándose delante de Nuestro Señor, siquiera por el tiempo que se dice un Padre nuestro, porque no habrá ocasión alguna que la pueda tener tan sujeta, que no pueda V. hurtarle este poquito de lugar.

También a la noche antes de irse a recoger, podrá, haciendo otras cosas, en cualquiera lugar hacer por

---

[17] Esta carta es la XXVIII del tomo II de la versión española.

mayor el examen de las obras del día. Al acostarse convendrá ponerse de rodillas por un rato, pedir perdón a Dios de las faltas que hubiere cometido, y rogarle que vele sobre V. y le conceda su bendición: todo esto brevemente, como por un Ave María. Sobre todo, deseo que en todas las ocasiones de entre día vuelva V. su corazón hacia Dios, diciéndole algunas breves palabras de fidelidad y amor.

En cuanto a las aflicciones del corazón, querida hija, con facilidad conocerá V. las que tienen remedio y las que no: donde hay remedio, es necesario tratar de ponerlo decente y pacíficamente; donde no lo hay, conviene sufrirlas, como una mortificación que Nuestro Señor le envía por ejercitarla a V. y hacerla toda suya.

Cuide V. mucho de no lloriquear y quejarse, antes obligue V. a su corazón a sufrir tranquilamente; y si sucediere alguna vez prorrumpir en impaciencia, tan luego como lo advirtiere, vuelva V. a poner su corazón en paz y dulzura.

Créame V., querida hija, Dios ama las almas que están combatidas de las olas y tempestades del mundo, con tal que reciban de su mano el trabajo y como valientes guerreros se adiestren en guardar la fidelidad en medio de los asaltos y combates. Si puedo diré alguna cosa más en esta materia a esta hermana tan amable, para que se la refiera a V. allá, que ahora voy a componer una disputa muy acalorada, que es necesario atajar. Yo soy de todo corazón, señora, su humilde servidor.

Francisco, *Obispo de Ginebra.*

CARTA X
A UNA SEÑORA CASADA

Dale consejos para la confesión y práctica de las virtudes.[18]

Mi querida hermana e hija: Respondo a dos cartas que me ha traído de parte de V. el mismo dador de esta; porque la tercera, enviada por conducto de madama de Chantal, aún no ha llegado a mis manos.

De mucho contento es para mí que viva V. sin escrúpulo, y que la santa Comunión le sea provechosa. Conviene, pues, continuar; y para ello, amada hija, pues que su marido se inquieta porque va V. a N., no hay que porfiar con él; porque supuesto que no necesita V. tomar grandes consejos, todos los confesores serán para V. muy buenos, como también el de su parroquia; quiero decir el señor N., y cuando se le ofrecieren otras ocasiones, el de las buenas madres Carmelitas.

Ya sabe V. todo lo que es necesario para gobernarse bien con toda clase de confesores, y por esta razón, en cuanto a este punto, puede V. andar con libertad.

Querida hija, sea V. muy afable y muy humilde con su marido. Razón tiene V. en no inquietarse por los malos pensamientos, siendo buenas sus intenciones y deseos, porque a estos mira Dios. Sí, hija, haga V. bien lo que le he dicho, porque aunque se levanten en contra mil triquiñuelas de razones aparentes, con todo eso, mis resoluciones están fundadas sobre razones sólidas y conformes a los doctores y a la Iglesia.

Más le digo a V.: son tan verdaderas, que lo contrario es una falta grande. Sirva V., pues, a Dios, según ellas, y Él la bendecirá a V.: no escuche jamás

---

[18] Esta carta es la XXVIII del libro II en la versión española, y la DCCXXXII en la edición francesa.

cosa en contrario, y créame que es cierto, y que estoy bien seguro cuando hablo tan resueltamente.

Doy las gracias a la buena madre Priora, y la traigo con todas sus monjas en mi alma con grande honra y amor. Más, hija mía, otra cosa tengo que pedirle por esta misma devoción a la madre santa Teresa, y es, que quisiera que me hiciese V. sacar un retrato de la Santa, de medio cuerpo, copiado del cuadro que se dice tienen esas buenas madres, y cuando vaya allá uno de mis curas, que ha de ir dentro de siete u ocho días, me lo podrá traer: yo no trataré con V. en cuanto a ella como con otras hijas, porque con V. procedo según mi corazón.

Yo encomendaré al Espíritu Santo a esa amable hermana viuda, para que le inspire en la elección de un marido que siempre le sirva de consuelo: aludo al sagrado Esposo del alma. Con todo eso, si Dios dispone servirse de ella todavía en las ocupaciones de una gran familia, y la quiere ejercitar en la sujeción, convendrá alabar a su divina Majestad, el cual sin duda hace todas las cosas para bien de los suyos.

¡Ay hija mía, qué agradables son a Dios las virtudes de una mujer casada! porque es necesario que sean fuertes y excelentes para perseverar en esta vocación; mas también ¡oh Dios mío, qué suave cosa es para una viuda no tener que contentar más que un corazón!

Pero la bondad soberana será el sol que alumbrará a esta buena y querida hermana, para que elija o emprenda su camino: es un alma que yo amo tiernamente, etc.; donde quiera que fuere, espero que servirá bien a Dios, y yo la seguiré por las continuas oraciones que haré por ella.

Encomiéndome en las de N.[19] y de N. Es verdad que N. es mi hija espiritual un poco más que las otras, en Aquel que por hacernos a todos suyos se hizo todo nuestro. En Él soy, querida hija, su padre y servidor humildísimo,

Francisco, *Obispo de Ginebra.*

P. D. Haga V. cuanto pueda con particular cuidado por adquirir la afabilidad entre los suyos, quiero decir, en su familia: no digo que sea V. blanda ni remisa, pero sí que sea dulce y suave: es menester que piense V. en esto, entrando, saliendo y estando en casa por la mañana, a mediodía y a todas horas, y que haga esto por principal ejercicio por algún tiempo, y los demás olvidarlos un poco.

---

[19] Adviértase el candor y gran sencillez con que escribe san Francisco de Sales. No faltaron en su tiempo personas malignas que interpretaron maliciosamente sus acciones y sus escritos, tomando en mal sentido estas expresiones bijas del amor divino, y llegando a calumniarle por ellas. Más Dios, que consiente estas tribulaciones de sus predilectos, para acrisolarlos y darles mayor corona, confundió a los calumniadores, y sacó incólume la honra de su siervo, aun sin defenderse Él.

CARTA XI
A UNA SEÑORA

Enséñala a moderar su demasiada prontitud en la meditación, y a estar contenta con su estado.[20]

Aseguro a V., mi querida hija, que este es el primer ralo que he podido hurtar a mil ocupaciones distintas, por escribir a V. con más extensión sobre el asunto que de su alma me propone, a la cual protesto decir cordialmente lo que mi corazón desea le digan a la suya.

1.º ¡Oh qué dichosa es V., hija mía, en estar desasida del mundo y de sus vanidades! Verdaderamente, a lo que yo he podido reconocer en este poco tiempo que la he observado a V., su alma fue hecha muy especialmente para el amor divino, y no para el terreno. Sacrifique V., pues, a menudo a Dios todas sus aficiones, renovando la resolución que ha tomado, de no querer emplear un solo momento de su vida sino en obsequio del amor santo del celestial Esposo.

2.º Haga V. puntualmente el ejercicio de la mañana, que señala el libro de la *Introducción;* y aunque la viveza de ese su espíritu comprenda de una sola ojeada todos los puntos de este ejercicio, no deje V. de detenerse en ello tanto tiempo como es necesario para decir dos veces el Padre nuestro, y después pronuncie V. vocalmente cinco o seis palabras de adoración, diciendo enseguida el Padre nuestro y el Credo.

3º. Antes de la oración, prepare V. un misterio de la vida o pasión de Nuestro Señor, que se propondrá meditar, si fuere beneplácito de Dios; más si estando en la oración sintiere que su corazón se enternece y es atraído a la simple presencia del Amado, no pasará más

---

[20] Esta carta es la XXXIX del libro II en la traducción española, y la DCCXXXVII en la edición francesa.

adelante, antes se aplicará a esta presencia; y si al contrario, no se sintiere V. atraerá ella, aunque esté allí, meditará suavemente el punto que había dispuesto.

4°. Todos los días tendrá V. oración, si alguna ocupación violenta no lo embaraza; pues, como me ha dicho, siempre que continúa en este santo ejercicio, siente un grande adelantamiento de recogimiento, del cal se halla V. privada cuando lo deja.

5°. Pero para acomodar tan útil ejercicio como este a la viveza e incomparable prontitud de su espíritu, bastará que emplee V. en él cada día una media hora, o un cuarto de hora; porque esto, con los ímpetus de espíritu, recogimientos del corazón en presencia de Dios, y oraciones jaculatorias, que se van haciendo durante el día, será muy bastante para tener el corazón adherido y en unión con su divino objeto, y también esta oración se podrá tener mientras la misa si hay que ganar tiempo.

6° Pero si teniendo oración, o andando en la presencia del Señor, hiciere algún sentimiento la cabeza que le causare molestia y dolor en ella, convendrá dejar el ejercicio y no aplicar más el entendimiento, sino por medio de palabras interiores y afectuosas aplicar solo el corazón y voluntad; y digo esto por responder a lo que me dice V., que el principio de la presencia de Dios se hace en la cabeza, y que algunas veces le cuesta mucho.

7° Si vinieren lágrimas, dejarlas salir; pero si son con frecuencia y mucha ternura, levante V. su espíritu, si puede, a gozar más quieta y tranquilamente los misterios en la parte superior del alma, no comprimiendo ni apretando los suspiros, sollozos ni lágrimas, sino divirtiendo con algún buen distraimiento el corazón, levantándole poco a poco al amor puro del Amado por medio de dulces exclamaciones; por ejemplo:—"¡Oh qué amable sois, Amado mío"! "¡Oh cómo sois excelso en bondad, y os ama mi corazón!" o de la manera que Dios le inspire a V.

8° Más por cuanto me dice V. que ha tenido muy poca oración mientras ha estado en su casa, respecto de ser tan vivo y pronto su espíritu que no se puede detener, dígole a V., que por el mismo caso es menester detenerle, y sosegar poco a poco sus movimientos; para que haga sus obras suavemente y con serenidad, según las circunstancias; y no se imagine V. que la dulzura y tranquilidad embarazan la prontitud y las ocupaciones, porque antes al contrario las hacen salir mejor.

Esto se puede hacer de este modo; pongo por ejemplo: tiene V. necesidad de comer, como que es una de las miserias de esta vida; necesario es que se siente V. buenamente, y que esté sentada hasta que haya dado el alimento regular a su cuerpo.

Quiere V. acostarse; pues bien, desnúdese V. poco a poco: debe V. levantarse, pues vístase V. despacio, sin movimiento desarreglado, sin gritar, ni dar priesa a las que la sirven; y con esto irá V. venciendo su natural, y reduciéndole poco a poco a la santa modestia y moderación; porque a los que tienen el natural tardo y perezoso, les diré yo: —Daos priesa, porque el tiempo es precioso. — Pero a V. le diré: — No se apresure tanto, porque la paz, la tranquilidad y dulzura de espíritu son preciosas, y el tiempo se emplea más útilmente cuando se gasta pacíficamente.

9°. Mas le digo a V., hija mía, y lo digo firmemente, que servirá más fielmente a la voluntad de Dios y a su providencia bajo el motivo de su antigua tentación, conformándose con toda humildad y sinceridad al celestial beneplácito, por el cual se halla V. en el estado en que está.

Menester es perseverar en la barca, en que una personase halla, para pasar de esta vida a la otra; y que eso sea voluntaria y amablemente, porque aunque algunas veces no nos haya puesto en ella la mano de Dios, sino la de los hombres, no obstante, después que estamos en ella, quiere Dios que estemos: por eso, pues, se hace preciso estar dulce y voluntariamente.

¡Oh cuántos eclesiásticos se han embarcado llevados de siniestras consideraciones, y por la fuerza que los padres han puesto para hacerlos entrar en esta vocación, que haciendo de la necesidad virtud, viven por amor donde fueron metidos con violencia!

De otra manera, ¿en qué vinieran a parar? Donde hay menos de elección nuestra, allí hay más de sumisión a la voluntad celestial. Pues, mi querida hija, consintiendo con la voluntad divina, diga V. muchas veces de todo corazón: Sí, Padre eterno, así quiero estar, porque así os fue agradable que yo estuviese. Y de aquí en adelante, hija mía, le encargo que sea muy fiel en la práctica de este consentimiento y dependencia del estado en que se halla.

Por tanto, hija mía, conviene que algunas veces, cuando ocurra, procure V. nombrar a las personas consabidas con el nombre a que tiene más aversión; y cuando hablare con la principal de ellas, algunas veces use de acciones y palabras de respeto. Este punto es de tal importancia para la perfección del alma de V., que de buena gana le escribiera con mi sangre. ¿En qué queremos manifestar nuestro amor para Aquel que tanto sufrió por nosotros, sino en las aversiones, repugnancias y contradicciones?

Menester es cubrir nuestra cabeza de espinas de dificultades, y dejar traspasar nuestro corazón con la lanza de la contradicción, beber la hiel y tragar el vinagre, y en fin, tomar el ajenjo y el acíbar, puesto que Dios así lo quiere.

En suma, querida hija, pues otra vez alimentó V. y favoreció de todo corazón la tentación, ahora con todo él debe sustentar y favorecer la conformidad; y si se ofreciere alguna notable dificultad en esta materia, por los defectos de esa persona, nada remueva V. antes de haber mirado a la eternidad, haciendo por estar indiferente y habiendo tomado el parecer de algún digno siervo de Dios, si la necesidad aprieta, o el mío, si hay tiempo, para ello, pues le sirvo a V. de padre; porque el enemigo viéndonos vencedores de esta tentación por la conformidad con el beneplácito divino, pienso que pondrá en juego toda clase de invenciones por derribarnos.

10°. Por lo demás, la santísima y divina humildad viva y reine en lodo y por todo. Los vestidos sean sencillos, más según propio decoro y conveniencia de su estado, de suerte que no espantemos, antes atraigamos a las señoritas a nuestra imitación. Las palabras sencillas, corteses, y no obstante suaves; las acciones, el semblante y la conversación, ni muy serio y austero, ni muy jovial y blando; la cara limpia y aseada; en una palabra, que en todas las cosas la suavidad y modestia reinen como conviene a una hija de Dios.

Francisco, *Obispo de Ginebra.*

CARTA XII
A UNA SEÑORA CASADA

Exhórtala a usar de preparación para la meditación, y a perfeccionarse en su estado.[21]

Señora y mi carísima hermana: Siempre me consuela la confianza que tiene V. en mí. No obstante, siento no poder corresponderle por cartas, como quisiera; más Nuestro Señor, que la ama a V., suple con la mucha asistencia que ahí tiene.

Aprobaría que se detuviera V. un breve rato antes de la oración preparando su espíritu con la lectura y disposición de puntos, sin otra imaginación, no obstante, que aquella que es necesaria para recoger el espíritu.

Por lo demás, bien sé que cuando por nuestra dicha nos encontramos con Dios, es muy bien hecho entretenernos en mirarle, y quedarnos con Él.

Más, hija mía, pensar siempre encontrarle así de improviso, y sin preparación, no pienso que es bueno todavía para nosotros, que aun somos novicios, y tenemos más necesidad de considerarlas virtudes del Crucificado, una después de otra y separadas, que de admirarlas todas juntas por mayor.

Pero si después de haber aplicado nuestro espíritu a esta humilde preparación, no nos concede Dios dulzuras ni suavidades, entonces conviene perseverar con paciencia, comiendo nuestro pan a secas, y cumplir con nuestra obligación sin recompensa presente.

Consuélame el saber la comodidad que tiene V. para confesarse con el buen P. Gentil: le conozco por su

---

[21] Esta carta es la XLIV del libro II en la traducción española y la DCCXXXVIII en la edición francesa.

mucha reputación, y sé cuán bueno es, y cuán cuidadoso siervo de Nuestro Señor. Hará V., pues, bien en continuar confesándose con él, y tomar los buenos consejos que él le dará a V. según las necesidades que vayan ocurriendo.

No quisiera que dejase V. a su hija comulgar con tanta frecuencia, si no sabe pesar bien lo que es comulgar tan frecuentemente. Hay diferencia entre discernir la comunión de las otras participaciones, y discernir la comunión frecuente de la menos frecuente.

Si esa tiernecita alma discierne bien que para frecuentar la santa comunión conviene tener mucha pureza y fervor, y a eso aspira, y tiene cuidado de prepararse, entonces soy de parecer que se la haga llegar a menudo; quiero decir, de quince en quince días; más si no tiene otro calor que para la comunión, y no para la mortificación de sus pequeñas imperfecciones de la mocedad, pienso que basta hacerla confesar de ocho a ocho días, y comulgar todos los meses.

Querida hija, yo entiendo que la comunión es el gran medio de llegar a la perfección; más es menester recibirla con el deseo y el cuidado de echar del corazón todo lo que desagrada a Aquel a quien queremos aposentar en él.

Persevere V. en vencerse bien a sí misma en las pequeñas contradicciones que cada día sintiere; ponga V. la fuerza de sus deseos en eso. Sepa que Dios no quiere de V. otra cosa por ahora: no se ocupe, pues, en otros intentos; ni siembre sus propósitos en jardín ajeno: cultive bien solamente el suyo.

No desee V. no ser lo que es, sin ser muy bien lo que debe ser, empleando sus pensamientos en perfeccionarse en esto, y llevar las cruces pequeñas o grandes que encontrará por ahí.

Créame V., este es el punto principal, y el menos entendido en la dirección espiritual. Cada uno ama según su gusto; muy pocos quieren según su obligación y el gusto de Nuestro

CARTA XIII
A UNA SEÑORA

Exhórtala a obedecer a su confesor, que la había privado de la comunión, y le dice lo que entre tanto ha de hacer.[22]

Ya habrá recibido V., hija mía, mi respuesta a la carta que N. me trajo. Ahora respondo a la de 14 de enero. Hace V. muy bien en obedecer a su confesor, en eso de haberle quitado el consuelo de comulgar a menudo, para probarla; o ya sea que lo haya hecho porque no ponía V. bastante cuidado en corregirse de su impaciencia: para mí creo que lo haya hecho por uno y otro, y que debe V. perseverar en esa penitencia todo el tiempo que lo mandare, pues tiene bastante conocimiento para creer que nada hace sino con justa consideración; y si obedece humildemente, una comunión le será en sus efectos más útil que dos o tres hechas de otra manera; porque no hay cosa que nos haga más provechosa la comida, que tomarla con apetito, y después de haber hecho ejercicio: el que hará V. en mortificar su impaciencia, dará vigor a su estómago espiritual.

Humíllese V. entre tanto dulcemente, y repita a menudo el acto de amor de su propio abatimiento. Deténgase un poco en la actitud de la Cananea, diciendo: *Si, Señor, yo no soy digna de comer el pan de los hijos:* verdaderamente soy una perrilla que gruñe, y muerde al prójimo, sin qué ni para qué, con mis palabras de impaciencia: *más si los perros no comen el pan entero, por lo menos alcanzan las migajas de la mesa de su señor.* Así, ¡oh mi dulce Dueño! os pido, sino vuestro santísimo cuerpo, a lo menos las bendiciones que esparce sobre aquellos que a Él se llegan por amor.

---

[22] Esta carta es la XLV del libro II en la traducción española.

Este es el pensamiento que ha de tener V., hija mía, en los días que solía comulgar, y ahora no comulga.

Ese anhelo que tiene V. de ser toda de Dios, no es engañoso; pero requiere que se ocupe V. un poco más en el ejercicio de las virtudes, y que tenga un cuidado especial de adquirir aquellas que ve le hacen más falta.

Lea muchas veces el *Combate espiritual*,[23] y ponga particular atención en los documentos que hay en él, que le serán muy a propósito. Los afectos en la oración son buenos; pero no conviene de tal suerte complacerse en ellos, que do se empleen diligentemente en las virtudes y mortificación de las pasiones.

Ruego siempre por el buen suceso de las hijas. A la verdad, pues está V. en seguir la oración, y esa buena religiosa carmelita le asiste, con esto basta: me encomiendo en sus oraciones, y en las de V. Soy sin reserva perfectamente de Vds.

Viva Jesús. Amén.

Francisco, *Obispo de Ginebra.*

---

[23] San Francisco de Sales leía con mucha frecuencia este librito, compuesto por el P. Castañiza, benedictino español. Habiéndose hecho raro este precioso librito, se ha reimpreso en Burgos, pocos años ha: recomiéndase su adquisición y lectura, como la recomendaba san Francisco de Sales en esta y en otras cartas.

CARTA XIV
A UNA SEÑORA CASADA

Instrúyela en los medios por donde puede llegar a la perfección, que son unirse con Dios y amar al prójimo, y que debe procurar hacer amable su devoción.[24]

Señora: No puedo dar a V. por junto todo lo que le he prometido, porque no tengo tantas horas libres para escribirlo todo de una vez. Lo que tengo que decirle en el punto que quiere que le explique, lo diré en varias veces, según la comodidad que tuviere: V. tendrá allá bastante tiempo para rumiar mis consejos.

Hállase V. con mucho deseo de perfección cristiana: este es un deseo el más generoso que pudiera tener; sosténgale V., que con eso crecerá cada día. Los medios para llegar a la perfección son varios, según la diversidad de las vocaciones; porque los religiosos, viudas y casados deben todos buscar esta perfección, pero no por unos mismos medios; porque para V., señora, que es casada, los medios son unirse con Dios y con el prójimo, y con lo que depende de ellos.

El medio para unirse con Dios debe ser principalmente la frecuencia de los Sacramentos y de la oración. En cuanto a los Sacramentos, de ninguna manera debe dejar pasar un mes sin comulgar, ni tampoco otro tiempo, según el aprovechamiento que hubiere hecho en el servicio de Dios, y conforme el consejo de los Padres espirituales, según el cual podrá comulgar más a menudo; pero en cuanto a la confesión, aconsejo a V. que la frecuente más, principalmente si sucediere alguna imperfección, de la cual esté afligida su conciencia, como muy de ordinario sucede al principio de la vida espiritual: más si no tuviere V. la

---

[24] Esta carta es la XV del libro III en la versión española.

comodidad necesaria para confesarse, procure suplirla con la contrición.

Por lo que hace a la oración, la debe frecuentar V. mucho, especialmente la meditación, para la cual es V. muy a propósito, según me parece. Téngala V., pues, todos los días una horita por la mañana, antes de salir fuera; o bien antes de cenar, y guárdese de tenerla después de comer, o después de cenar, porque gastará su salud.

Para ayudarse a tenerla bien, convendrá que antes de entrar en ella prevenga V. el punto sobre que debe meditar, para que empezando la oración halle su materia dispuesta; y para ese efecto tenga V. los autores que han escrito puntos de meditación sobre la vida y muerte de Nuestro Señor, como Granada, Belintany, Capilla, y Bruno, en los cuales escogerá la meditación que quisiere tener, y la leerá atentamente, para acordarse al tiempo de la oración, y no tener otra cosa que hacer más que rumiarla, siguiendo siempre el método que le envié por escrito en la meditación que le di el Jueves Santo.

Fuera de esto, haga V. muy de ordinario oraciones jaculatorias a Nuestro Señor en todas las horas y ocasiones que pudiere, mirando siempre a Dios dentro de su corazón, y a su corazón en Dios.

Procure V. leer los libros que escribió Fr. Luis de Granada acerca de la oración y meditación; porque ningunos influirán mejor, ni le moverán más: quisiera yo que no se pasara día alguno sin que destinase V. una inedia hora, o una entera, a la lectura de cualquier libro espiritual, porque le servirá de sermón. Estos son los principales medios de unirse con Dios.

En cuanto a los que sirven para amar bien al prójimo, son en gran número; pero aquí solo diré algunos. Es menester considerar al prójimo en Dios, que quiere que le amemos y queramos. Este es el consejo de san Pablo, que ordena a los criados que amen a Dios en sus señores, y a sus señores en Dios.

Conviene ejercitarse en este amor del prójimo, acariciándole exteriormente; y aunque al principio parezca que se hace de mala gana, no se ha de dejar por eso, porque al fin esta repugnancia de la parte inferior será vencida por el hábito y buena inclinación que producirá la repetición de actos.

A este propósito se han de ofrecer las oraciones y meditaciones; porque después de haber pedido el amor de Dios, siempre se ha de solicitar el del prójimo, y particularmente el de aquellos a quienes no se inclina nuestra voluntad. Aconsejo a V. que alguna vez se tome el trabajo de visitar los hospitales, consolar los enfermos, considerar sus miserias, enternecer el corazón sobre ellas, y orar por ellos al hacerles alguna visita.[25]

Pero en todo esto ponga V. gran cuidado, para que su marido, los criados y sus padres no reciban agravio por estar V. largo tiempo en las iglesias, en largos retiros y apartamiento del cuidado de la familia, o como sucede algunas veces, por mostrarse V. fiscalizadora de las acciones de otros, o muy desdeñosa de las conversaciones donde no se guardan tan exactamente las reglas de la devoción; porque en todo esto conviene que rija la caridad, y nos alumbre, para hacernos condescender con la voluntad de los prójimos en todo lo que no fuere contrario a los Mandamientos de Dios.

No solo debe V. ser devota y amarla devoción, sino también la debe hacer amable, útil y agradable a todos.

---

[25] Los que no tengan ocasión o posibilidad de visitar a los enfermos en los hospitales, pueden hacerlo asistiendo a los enfermos o a los pobres en sus casas.

Los enfermos amarán la devoción de V., si caritativamente son consolados: su familia, si la reconoce a V. más cuidadosa de su bien, más dulce en las ocasiones del servicio, más afable en el reprender, y así de lo demás: el marido, si ve que al paso que la devoción de V. crece, es más cariñosa con él y más fervorosa en la afición que le tiene: sus padres y amigos, si reconocen en V. más franqueza, tolerancia, condescendencia a su voluntad, en lo que no fuere contraria a la de Dios.

En fin, es menester, cuanto fuere posible, hacer atractiva la devoción. He compuesto una pequeña advertencia sobre este punto de la perfección de la vida cristiana, de que le envío una copia: holgáreme que la comunique V. a la señora de Puitsdeorbe: estímela V., como también esta carta, que sale de una alma que enteramente está aficionada a su bien espiritual, y que nada desea más que ver la obra de Dios perfecta en el espíritu de V.

Suplícole me dé alguna parte en sus oraciones y comuniones, como también aseguro que lo haré toda mi vida por V. en las mías, y seré siempre de V. muy humilde servidor.

Francisco, *Obispo de Ginebra.*

CARTA XV
A UNA SEÑORA CASADA

Instrúyela en los medios más propios para el remedio de las inquietudes que tenía después de haber hecho confesión general, y en los medios de adquirir la devoción; y de la práctica de ella, conforme al estado del matrimonio en que vivía.[26]

Señora: Me ha sido de mucho contento haber tenido y visto su carta: quisiera ciertamente que las mías recíprocamente le dieran otro tal, y en particular el remedio de las inquietudes que se han levantado en su espíritu después de nuestra separación.

Plega a Dios inspirarme. Ya he dicho a V. una vez, de que me acuerdo muy bien, que en la confesión general hallé todas las señales de una verdadera, buena y sólida confesión, y que jamás he oído otra que más enteramente me haya contentado: esta es una gran verdad, señora y hermana mía; y créame V., que en tales ocasiones hablo sinceramente.

Pero si hubiese V. dejado de decir alguna cosa, considere si fue a sabiendas y voluntariamente, porque en este caso deberá sin duda volver a practicar la confesión, si lo que calló fue pecado mortal, o que entonces pensase V. que lo era: pero si no fuese más que venial, o que por falta de memoria lo dejase, de ninguna manera dude V., amada hermana; porque, so cargo de mi conciencia, no está obligada a repetir su confesión; antes bastará decir al confesor ordinario el punto que hubiere omitido; con lo que dejo respondido a esto.

No tenga V. más temor de no haber puesto toda la diligencia necesaria en su confesión general; porque vuelvo a decirle a V. muy clara y seguramente, que si no

---

[26] Esta carta es la XIV del libro III en la versión española.

ha tenido omisión voluntaria, no debe reiterar la confesión, la cual de veras está hecha suficientemente; y así, quede V. en paz por esta parle; y si lo consulta con el Padre Rector, le dirá lo mismo, porque este es el dictamen de la Iglesia nuestra madre.

Las reglas del Rosario y del Cordón de ninguna manera obligan a pecado, ni mortal ni venial, directa ni indirectamente; y no pecará V. por no guardarlas; no de otra suerte que si dejare de hacer otra cualquiera buena obra. No tenga V., pues, pena de ningún modo, más sirva a Dios alegremente y con libertad de espíritu.

Pídeme V. le diga el modo que debe tener para alcanzar la devoción y paz del espíritu. Mi querida hermana, no es poco lo que V. me pide; más procuraré decir alguna cosa, porque lo debo hacer, pero note V. bien lo que dijere.

La virtud de la devoción no es otra cosa que una general inclinación y prontitud de espíritu para hacer lo que se conoce ser agradable a Dios. Esta es aquella dilatación de corazón, de la cual dice David: *Corrí por el camino de tus mandamientos, cuando dilataste mi corazón.*

Los que simplemente son buenos, caminan por la senda de Dios; más los devotos corren, y cuando lo son mucho, vuelan.

Ahora diré a V. algunas reglas que es menester observar para ser verdaderamente devota:

1ª. Ante todas cosas es necesario guardar los mandamientos generales de Dios y de la Iglesia, que están puestos para todo fiel cristiano, y sin ellos no puede haber devoción alguna en el mundo: esto cualquiera lo sabe.

2ª. Además de los mandamientos generales, conviene guardar cuidadosamente los mandamientos particulares, que cada uno tiene respecto de su vocación; y cualquiera que no los guarde, aunque resucitara muertos, no por eso dejaría de estar en pecado y en estado de condenación.

Pongo por ejemplo: mándase a los obispos visitar sus ovejas, enseñarlas, avenirlas, consolarlas; aunque me esté toda la semana en oración, aunque ayune toda mi vida, si no hago aquello, me perderé.

Aunque una persona haga milagros estando en estado de matrimonio, si no corresponde a su consorte según debe en su estado, o no cuida de sus hijos, peor *es que un infiel,* dice san Pablo, y así de otros.

3ª. Ved ahí, pues, dos suertes de mandamientos, que con esmero conviene guardar perfectamente y con toda devoción; y no obstante, la virtud de la devoción no consiste en guardarlos, sino en cumplirlos con prontitud y de buena gana. Pues para adquirir esta prontitud es menester valerse de muchas consideraciones.

La primera es, que Dios lo quiere así, y es muy justo que hagamos su voluntad porque no estamos para otra cosa en este mundo. ¡Ay qué todos los días le pedimos que se haga su voluntad, y cuando llega el caso de que hayamos de hacerla nos contristamos tanto!

Ofrecémonos a Dios muy a menudo, decírnosle en todas ocasiones: "Señor, yo soy vuestro, ved aquí mi corazón" pero cuando nos quiere emplear, nos hallamos sin fuerzas. ¿Cómo podemos decir que somos suyos, si no queremos acomodar nuestra voluntad a la suya?

La segunda consideración es pensar la naturaleza de los mandamientos de Dios, que son dulces, agradables y suaves, no solo los generales, sino también los particulares de la vocación. ¿Pues qué es lo que nos los hace molestos?

Nada a la verdad sino la voluntad propia, que quiere reinar en V. a toda costa; y las cosas que puede ser que desease si no le fueran mandadas, las reprueba porque se las mandan. Entre cien mil deliciosos frutos escogió Eva el vedado; y sin duda que si se le hubiera permitido, no hubiera comido de él; en una palabra, esto es, que nosotros queremos servir a Dios más por nuestra voluntad que por la suya.

Saúl tuvo precepto de acabar con todo cuanto encontrase en Amalec: arruinolo todo, fuera de lo que era de precio, que lo reservó para el sacrificio; más Dios declara que ningún sacrificio quiere contra la obediencia. Dios me manda que sirva a las almas, y yo quiero estarme en contemplación: la vida contemplativa es buena, pero no en perjuicio de la obediencia.

No nos toca a nosotros escoger a nuestra voluntad: necesario es lo que Dios quiere; y si Dios quiere que yo le sirva en una cosa, no debo servirle en otra. Dios quiere que Saúl le sirva en dignidad de rey y capitán, y Saúl le quiere servir en dignidad de sacerdote.

No hay duda que esta es más excelente que aquella; no obstante, Dios no se paga de esto, quiere ser obedecido.

¡Extraño caso por cierto! Dios había dado a los hijos de Israel el maná, que era una comida deliciosísima, y ved ahí que ellos no la quieren, antes buscan en sus deseos los ajos y cebollas de Egipto.

Tal es nuestra miserable naturaleza, que siempre quiere que se haga su voluntad y no la de Dios; por eso al paso que tuviéremos menos de nuestra propia voluntad, será más fácilmente observada la de Dios.

La tercera consideración es, que no hay vocación alguna que no tenga sus enfados, amarguras y disgustos; y lo que es más, si no es aquellos que están plenamente resignados en la voluntad de Dios, cada uno quisiera de buena gana mudar su estado en el del otro.

Los que son obispos, quisieran no serlo; los casados, no haberse casado, y los que no lo están, casarse. ¿De dónde viene esta general inquietud de espíritus sino de un cierto desagrado que tenemos a la sujeción, y de una malignidad del entendimiento, que nos hace pensar que el otro está mejor que nosotros?

Pero todo es uno. Cualquiera que no está plenamente resignado, aunque se vuelva aquí y allí, jamás tendrá reposo. Los que están con un acceso de calentura, no hallan lugar bueno; apenas están un cuarto de hora en una cama, cuando quisieran pasarse a otra; no es el lecho el que aflige, es la fiebre, que en todas parles los atormenta.

Una persona que no tiene la fiebre de la propia voluntad, se contenta con todo como Dios sea servido; no cuida del estado en que Dios la pone: como se haga su divina voluntad, todo es igual para ella.

Pero esto aun no es todo: es menester no solo querer hacer la voluntad de Dios, sino que para ser devoto conviene hacerla alegremente. Si yo no fuera obispo, puede ser que sabiendo lo que sé, no quisiera serlo; pero siéndolo, no solamente estoy obligado a hacer lo que requiere esta penosa vocación, más debo hacerlo alegremente, y complacerme y agradarme en ello.

Esto dice san Pablo, *cada uno persevere en su vocación delante de Dios*. No es menester llevar la cruz de los otros, sino la suya; y para llevar la suya cada uno, quiere Nuestro Señor que se renuncie a sí mismo, esto es, a su propia voluntad.

Quisiera más esto o aquello; estaría mejor acá o acullá: estas son tentaciones. Nuestro Señor sabe bien lo que conviene; hagamos lo que él quiere, estémonos donde él nos ha puesto: más, amada hija, permítame V. que le hable según mi corazón, porque la amo como a Él: quisiera V. tener un poquito de práctica para gobernarse.

1°. Además de lo que he dicho que es necesario considerar, tenga V. meditación todos los días, o por la mañana antes de comer, o bien una hora o dos antes de acostarse, y que sea sobre la vida y muerte de Nuestro Señor: para este efecto sírvase de los libros del capuchino Belintany o del jesuita Bruno.

La meditación de V. no debe ser más que de una media hora larga y no más, al fin de la cual junte V. siempre una consideración de la obediencia que ejercitó Nuestro Señor para con su eterno Padre, y hallará V. que todo cuanto hizo fue por complacer a la voluntad de su Padre. Excítese V. con ella a adquirir un grande amor a la voluntad de Dios.

2°. Antes de hacer o prepararse para hacer alguna de las cosas de su vocación, que la molestan a V., piense bien que los Santos hicieron muy gustosamente otras cosas más grandes y fastidiosas: unos sufrieron el martirio, otros la deshonra del mundo: san Francisco y tantos religiosos de nuestra edad besaron mil veces las llagas gangrenosas; otros se avecindaron en los desiertos, otros en las galeras con los soldados, y todo esto por hacer cosas agradables a Dios. ¿Y qué es lo que nosotros hacemos en comparación de aquellos?

3°. Piense V. a menudo que todo esto que hacemos debe su verdadero valor a la conformidad que tenemos con la voluntad de Dios: ya sea comiendo o bebiendo, si yo lo hago, porque es la voluntad de Dios que lo haga, soy más agradable a Dios que si sufriera la muerte sin esta intención.

4°. Quisiera yo que muchas veces entre día invocase V. a Dios para que le concediese el amor de su vocación, y que dijese como san Pablo en el día de su conversión: *Señor, ¿qué queréis que haga?* ¿Queréis que os sirva en el ministerio más vil de vuestra casa? Me tendré por muy dichoso: con tal que yo le sirva, no me dará cuidado que sea en lo que fuere. Y viniendo en particular a lo que enfade a V. dígale: "Queréis que yo haga tal y tal cosa?" ¡Ay Señor! Aunque no soy digna, lo haré con mucho gusto; y de esta suerte, humillándose V. mucho, ¡oh Dios mío, qué tesoro se adquirirá! mayor sin duda de lo que se puede V. figurar.

5°. Quisiera que considerase V. cuántos santos y santas tuvieron esa vocación y estado, y que todos se acomodaron a Él con una gran dulzura y resignación, así en el Nuevo como en el Antiguo Testamento. Sara, Rebeca, santa Ana, santa Isabel, santa Paula, santa Mónica y otras cien mil, y que ellas le animen a V. encomendándose en su intercesión.

Es menester amar lo que Dios ama; pues ama nuestra vocación, amémosla también, y no nos metamos a pensar en la de los otros. Cumplamos nuestra obligación, bástele a cada uno su cruz. Mezcle V. dulcemente el oficio de Marta con el de la Magdalena: haga diligentemente el servicio de su vocación y vuelva a menudo sobre sí misma, poniéndose en espíritu a los pies de Nuestro Señor diciéndole:

—"Señor mío, ya sea que corra, ya sea que me detenga, toda soy vuestra, y Vos todo sois mío: Vos sois mi primer esposo, y todo cuanto yo hiciere es por vuestro amor, sea aquí o sea allá".

Ya verá V. el ejercicio de oración que envío a la señora de Puitsdeorbe: saque V. una copia, y aprovéchese de él.

Parece que teniendo por la mañana media hora de oración mental, se debe contentar con oír todos los días una misa, y en el día leer otra media hora de algún libro espiritual, como Fr. Luis de Granada, o de otro autor bueno.

A la tarde haga V. el examen de conciencia y en el discurso del día oraciones jaculatorias. Lea V. mucho el *Combate espiritual*, esto la encargo. Los domingos y fiestas, además de la misa, podrá V. oír Vísperas (más esto sin obligación) y el sermón.

No olvide V. confesarse cada ocho días, y cuando tuviere alguna grande zozobra de conciencia. En cuanto a la comunión, si no se disgusta su marido, no exceda V. por el presente los límites de lo que tratamos en San Claudio. Esté V. firme comulgando espiritualmente; Dios recibirá en cuenta la preparación de su corazón.

Acuérdese V. de lo que tantas veces le tengo dicho: honre V. nuestra devoción, hágala V. muy amable a todos los que conociere, pero sobre todo a su familia: procure V. que cada uno diga bien de ella. ¡Dios mío! ¡Qué dichosa es V. en tener un marido tan discreto y afable! Debe V. dar muchas gracias a Dios cuando sobreviniere alguna contradicción; resígnese mucho en Nuestro Señor, y consuélese V. sabiendo que estos favores no son sino para los buenos o para los que caminan a serlo.

Por lo demás, sepa V. que mi espíritu es todo suyo: Dios sabe que jamás la echo en olvido, ni a toda su familia en mis pobres oraciones. Tengo a V. íntimamente grabada en mi alma: Dios sea su corazón y su vida.

Francisco, *Obispo de Ginebra.*

CARTA XVI
A UNA SEÑORA VIUDA

Que la humildad es la virtud propia de las viudas: qué cosa sea la humildad.[27]

¡Dios mío! cuánto anhelo y deseo el servir de algo al espíritu de V. No se lo puede figurar, amada hermana; tanto hallo en mí, que ello solo basta a persuadirme que esto es de parte de Nuestro Señor, porque me parece no es posible que todo el mundo junto me pueda dar tanto, a lo menos jamás he entendido tanto de él.

Hoy es la fiesta de Todos los Santos, y haciendo el oficio en nuestros Maitines solemnes, viendo que Nuestro Señor comienza las bienaventuranzas por la pobreza de espíritu, y que san Agustín lo interpreta de la santa y muy deseable virtud de la humildad, me acordé que V. me había pedido que le escribiese algo acerca de ella, y he reparado que en la última carta no lo hice, aunque fue bien cumplida y aun puede ser muy larga: acerca de este punto Dios me ha dado tantas cosas que escribir a V., que si tengo bastante lugar me parece que diré maravillas.

Primeramente, carísima hermana, me ha venido a la memoria que los Doctores dan a las viudas, como su virtud más propia, la santa humildad. Las vírgenes tienen la suya y también los mártires, doctores y pastores, cada uno su virtud como un orden de su caballería, y todos deben haber tenido la humildad; ¿por qué hubieran sido ensalzados si ellos no se hubiesen humillado?

---

[27] Esta carta es la XII del libro III en la traducción española. En la edición francesa es la LXXXI, y de ella aparece que va dirigida a la santa madre Juana Francisca Fremiot.

Más a las viudas sobre todo pertenece la humildad; porque ¿qué cosa puede ensoberbecer a la viuda? Ella no tiene ya su integridad (la cual no obstante se puede recompensar por una grande humildad vidual, y es mucho mejor ser viuda con mucho aceite en su lámpara, no deseando más que la humildad con caridad, que ser virgen sin aceite,[28] o con muy poco aceite), ni lo que da la más alta estimación a este sexo, según el aprecio del mundo.

Tampoco tiene a su marido, que fue su honra, y de quien tomó el nombre; ¿qué le queda, pues, para gloriarse, sino Dios?

¡Oh bienaventurada gloria! ¡Oh corona preciosa en el jardín de la Iglesia! Las viudas se comparan a las violetas, flores pequeñitas y bajas, de color poco sobresaliente y de olor poco fragante, pero sumamente suaves.

¡Oh qué bella flor es la viuda cristiana, pequeña y baja por humildad! Es poco resplandeciente a los ojos del mundo, porque los huye y no procura atraerlos hacia sí: ¿y para qué deseará los ojos de aquellos cuyo corazón ya no desea?

El Apóstol encomienda a su querido discípulo, *que honre a las viudas que verdaderamente son viudas*: ¿y quiénes son las viudas verdaderamente viudas, sino aquellas que lo son de corazón y espíritu, quiero decir, que no tienen su corazón casado con alguna criatura?

Nuestro Señor no dice hoy: *Bienaventurados los limpios de cuerpo*, sino *de corazón; y* no alaba a los *pobres*, sino a los *pobres de espíritu*. Las viudas son respetables cuando son viudas de corazón y de espíritu.

---

[28] Alude a la parábola de las vírgenes fatuas que no tenían bastante aceite para sus lámparas.

¿Qué quiere decir *viuda*, sino destituida, privada; esto es, miserable, pobre y abatida? Aquellas, pues, que son pobres, miserables y abatidas en su espíritu y en su corazón, son dignas de alabanza; y todo esto quiere decir, las que son humildes, de las cuales Nuestro Señor es el protector.

Más ¿qué es humildad? ¿Es el conocimiento de esta miseria y de esta pobreza? —Sí, dice nuestro san Bernardo; más esa es la humildad moral y humana. ¿Qué es, pues, la humildad cristiana? —Es el amor de esa pobreza y abatimiento, en contemplación de la de Nuestro Señor. ¿Conocéis que sois una pobre y abatida viuda? Amad esa condición abatida, gloriaos de ser nada; alegraos mucho, pues vuestra miseria sirve de objeto a la bondad de Dios para ejercitar su misericordia.

Entre los mendigos, los que son más miserables (cuyas llagas son más grandes y espantosas) se tienen por mejores mendigos, y sacan más limosna. Mendigos somos nosotros; los más miserables son de mejor condición, y los mira de mejor gana la misericordia de Dios.

Humillémonos, pues, y no pongamos a la puerta del templo de la divina piedad sino nuestras llagas y miserias; pero acuérdese V. de manifestarlas con alegría, consolándose de ser toda vacía, toda viuda, para que Nuestro Señor la llene de su reino.

Sea V. dulce y afable con todos, fuera de aquellos que le quisieren quitar esa su gloria, que es la miseria y la perfecta viudez de V. *En mis miserias me glorio,* dice el Apóstol; *mejor es morir, que perder mi gloria.* ¿No ve V.? más quiere morir, que perder sus miserias, que son su gloria.

Conviene guardar muy bien la miseria y la bajeza de V., porque Dios la mira, como hizo con la de la santísima Virgen. Los hombres miran lo de fuera, más Dios atiende al corazón. Si ve nuestra miseria en Él, nos hará grandes mercedes. Esta humildad conserva la castidad. Esta es la razón por que aquella alma bellísima se titula *lirio de los valles.*

Esté, pues, V. alegremente humilde delante de Dios; pero esté también igualmente alegre y humilde delante del mundo: alégrese de que el mundo no haga caso de V.

Si él estima a V., búrlese gustosamente, y ríase de su juicio, y de su miseria, que le recoge. Si no la estima a V., consuélese alegremente de que, por lo menos en esto, el mundo obra conforme a la verdad.

En cuanto a lo exterior, no afecte V. la humildad visiblemente, pero tampoco la rehúya: abrácela, pero siempre gustosamente. Me parece bien que una persona se abata algunas veces a servicios bajos, aunque sea con los inferiores y soberbios, con los enfermos y pobres, con los de casa y fuera de ella; pero que esto sea siempre natural y alegremente.

Repito esto muchas veces, porque viene a ser la clave de este misterio para V. y para mí; y aun digo más, y digo *caritativamente;* porque *la caridad,* dice san Bernardo, *es alegre;* y antes lo dijo san Pablo. Los oficios humildes y de exterior humildad no son más que la corteza, pero esta conserva el fruto.

Continúe V. sus comuniones y ejercicios como le tengo escrito, y este año siga V. puntualmente en la meditación de la vida y muerte de Nuestro Señor: esta es la puerta del cielo. Si V. se complace en tratarla aprenderá sus misterios.

Tenga V. gran valor y mucho aliento: no le pierda por rumores, y sobre todo en las tentaciones de la fe. Nuestro enemigo es un gran ladrador; no le dé a V.

cuidado, porque no podrá morderle, yo lo sé bien: búrlese V. de él, y déjele hacer: no le responda, sino haciéndole un desprecio, porque todo eso no vale nada.

Harto ha gritado a los santos, y harto estruendo ha hecho contra ellos: pero ¿qué ha sacado de esto? Verlos asentar en la silla que él miserable perdió. Quisiera que viese V. el cap. XLI del *Camino de perfección* de santa Teresa, que le ayudará bien a entender lo que tantas veces le tengo dicho; que no conviene escrupulizar mucho en el ejercicio de las virtudes, sino que se ha de caminar franca e ingenuamente, a la francesa antigua,[29] con libertad, a la *pata llana, y grosso modo:* por esto temo yo el espíritu apretado y melancólico. No, mi querida hija; deseo que tenga V. un corazón generoso y grande en el camino de Nuestro Señor, pero humilde dulce y sin relajación.

Me encomiendo en las pequeñas, pero fervorosas oraciones de nuestro Celso Benigno; y si Amata comienza a tener algunos pequeños afectos para mí, me serán muy gratos. Doy a V. y a su corazón de viuda y a sus hijos todos los días a Nuestro Señor ofreciéndole su hijo. Ruegue V. por mí, para que algún día nos podamos ver con todos los santos en el cielo: mi deseo no se mide menos que con la eternidad; el dulce Jesús nos la quiera conceder en su amor y cariño. Amén. Soy, pues, todo de V. en Jesucristo.

Francisco, *Obispo de Ginebra.*

Día de Todos los Santos, 1605.

---

[29] Nosotros podemos decir muy bien a la *antigua española.* Las palabras *grosso modo* las dice san Francisco aquí para significar *sencillamente;* en otras cartas las usa para significar una cosa en globo o por mayor.

63

CARTA XVII
A UNA RELIGIOSA DE LA VISITACIÓN

Inconvenientes de los pleitos. Que todo lo que se llama prudencia mundana es una verdadera necedad.[30]

Madre carísima: Si conoce V. que será más útil detenerse allá algún tiempo, aunque lo repugnen mis sentidos, no deje de quedarse gustosa, pues me alegro de sujetar a este hombre exterior; y llamo *hombre exterior* a mi espíritu mismo, en cuanto sigue sus inclinaciones naturales. Ved aquí, muy amada hija, que escribo según mi verdadero dictamen.

Esta es una verdad: continuamente se confiesan los hombres por hijos del Evangelio, y casi ninguno tiene sus máximas en la estimación que debe. Tenemos muchas pretensiones y designios; queremos muchas cosas; queremos los méritos del Calvario, y las consolaciones del Tabor, todo a la vez: tener los favores de Dios, y los del mundo.

Por lo que hace a pleitear, de ninguna manera: a *aquel que te quiere quitar la capa, dale también la túnica.* Más ¿qué pensamiento es el de esa mujer? cuatro vidas de las suyas no bastarían para acabar su negocio por vía de justicia. ¿Quién muere de *hambre y sed de justicia, por ser bienaventurado?* ¿Es posible que sus hermanas no le quieran dar cosa alguna? Más si tal fuere, ¿es posible que los hijos de Dios quieran tener lodo lo que les toca, no habiendo querido su padre Jesucristo tener cosa de este mundo, que le pertenecía?

¡Oh Dios mío, cuánto bien le deseo! más sobre todo, la suavidad de la paz del Espíritu Santo, y el reposo que debe tener en los juicios que formo de ella; porque puedo decirle que estoy seguro de que son según Dios;

---

[30] Esta carta es la LV del libro III en la traducción española.

y no solo eso, sino que son de Dios. ¿Qué necesidad hay de tantos negocios para una vida tan pasajera, y de hacer cuadros relumbrantes para una estampita de papel?

Dígole a V. paternalmente mi dictamen, porque es cierto que la amo increíblemente; pero lo digo delante de Nuestro Señor, que sabe que no miento. Bien quisiera volver a ganar su corazón para Dios. Siempre me acuerdo que esta hija corrió un tiempo fuerte y ligeramente hacia el amor de Dios y desapropiamiento de sí misma.

¡Oh, pluguiese a Dios que jamás se hubiese marchado de aquí! Su divina Majestad hubiera hallado otros medios para hacer lo que ella ha hecho. Con todo eso me corrijo, y digo, que Dios lo ha hecho y permitido muy bien; y espero que, como sin nosotros nos dio esta hija, sin nosotros también nos la volverá, si así fuere su beneplácito; más incitarla a que se venga, no conviene.

Si Dios expresamente nos da a entender que Él lo quiere, menester es dejarle hacer en este punto a Él solo según su prudencia divina.

¡Oh madre mía! temo sumamente la prudencia natural, cuando se mete a discernir las cosas de la gracia; y si la prudencia de serpiente no se hubiera convertido en la sencilla de la paloma del Espíritu Santo, fuera de todo punto venenosa. ¿Qué más le diré? No otra cosa, muy amada madre, sino que quiero su corazón como el mío propio, si entre nosotros se puede decir mío y tuyo, donde Dios ha establecido una invariable e indisoluble unidad: bendito sea eternamente. Amén. Año 1621.

Francisco, *Obispo de Ginebra.*

CARTA XIX
A UNA RELIGIOSA DE LA VISITACIÓN

La instruye en el conocimiento de los buenos deseos, y de su diferencia, y de lo que se ha de hacer cuando inquietan en la meditación imaginaciones torpes.[31]

Muy amada hija: Dos clases hay de buenos deseos, una, de aquellos que aumenta la gracia y gloria de los siervos de Dios, la otra de aquellos que nada obran. Los deseos de la primera especie se expresan así: —Yo quisiera, por ejemplo, dar limosna; pero no puedo darla, porque no tengo con qué. Estos deseos aumentan grandemente la caridad y santifican el alma.

Así las almas devotas desean el martirio, los oprobios y la cruz, que no obstante no pueden alcanzar. Los deseos de la segunda especie se expresan así: —Yo desearía hacer limosna, pero no la quiero hacer: y estos deseos no son pecado por la imposibilidad, sino por la flojedad, tibieza y falta de ánimo, por la cual dice san Bernardo, que el infierno está lleno de ellos.

Es verdad, que para la entera resolución de esa dificultad es necesario que note V. que hay deseos que parecen ser de la segunda clase, que con todo eso son de la primera; como al contrario, algunos hay que parecen ser de la primera, y son de la segunda.

Pongo por ejemplo. Ningún siervo de Dios puede estar sin este deseo: ¡Oh cuánto deseo servir mejor a Dios! ¡Ay! ¿Cuándo le serviré a medida de mi deseo? Y siendo así que podemos ir de mejor en mejor, se conoce que los efectos de estos deseos no tienen otro estorbo que la falta de resolución; pero tampoco esto es verdad, porque el embarazo también les viene por la condición

---

[31] Esta carta es la XXII del libro II en la versión española, y la CCCXXXIV de la edición francesa.

de esta vida mortal, en la cual no es tan fácil hacer como desear; y por esta razón estos deseos en general son buenos, y causan mejoría en el alma, encendiéndola y aficionándola a su adelantamiento.

Más cuando en particular se ofrece alguna ocasión de aprovecharse, en lugar de procurar ejecutarlo, se queda todo en deseo, como por ejemplo: ofrécese ocasión de perdonar una injuria, de renunciar a la propia voluntad en algún asunto particular; y en lugar de conceder el perdón o de renunciar, digo solamente: —Bien quisiera perdonar, pero no sé; bien quisiera renunciar, pero no hallo modo. ¿Quién no ve que este deseo es un embaucamiento, y que antes me hace más culpable en tener una tan fuerte inclinación al bien, y no querer efectuarla? Y estos deseos tenidos así, parecen de la primera clase, y son de la segunda.

Ahora le seré a V. fácil el resolver su duda, como yo creo; y si le quedare alguna dificultad, escríbamela, que tarde o temprano responderé de todo mi corazón, que ciertamente es de V.

Las almas que son tentadas de imaginaciones indecentes en las meditaciones de la vida y muerte de nuestro Salvador, deben cuanto pudieren representarse los misterios simplemente por fe, sin servirse de la imaginación.

Pongo ejemplo. Mi Salvador fue crucificado; esta es una proposición de fe. Basta que yo la aprenda simplemente, sin imaginar cómo su cuerpo pendía de la cruz; y luego que las imaginaciones deshonestas quieran nacer, conviene volverse, y retirarse con afectos sacados de la fe.

¡Oh Jesús crucificado! yo adoro vuestros tormentos, vuestras penas, vuestro trabajo: Vos sois mi salud. Porque, querer por estas torpes representaciones dejar la meditación de la vida y muerte de Nuestro Señor, es hacerle el juego al enemigo, que por este medio trata de privarnos de nuestra mayor dicha.

Conviene, pues, guardarse, y volver al camino de la fe sencilla. Verdaderamente yo escribo sin sosiego; pero V. con su benignidad lo suplirá. Otra vez escribiré a las hermanas N. N. y después a mi hermana M., y entre tanto las saludo con afecto, rogándoles me encomienden a Dios, como también mi hermana Fr. y todas las otras que extremadamente amo en la cruz del Salvador. Saludo al señor capellán, y soy todo suyo. Adiós

CARTA XX
A UNA ABADESA

Muéstrala en qué consiste la devoción, los medios de que se ha de valer para conseguirla, y le da muchos consejos para empezar a reformar su monasterio, con una meditación para prepararse a la comunión al principio del mes.[32]

1. Señora, tiene V. dos cualidades, porque es religiosa y abadesa: es necesario servir a Dios en una y otra, y a ello se han de encaminar todos sus designios, ejercicios y afectos.

2. Como a particular acuérdese V. que no hay cosa tan dichosa como una religiosa devota, ni tan desdichada como una religiosa sin devoción.

3. La devoción no es otra cosa que la prontitud, fervor, afición y movimiento que una persona tiene al servicio de Dios, y esta diferencia hay entre un hombre bueno y un hombre devoto; que el bueno guarda los mandamientos de Dios, aunque no sea con grande prontitud ni fervor; pero el devoto no solamente los guarda, pero los guarda voluntaria y prontamente y con grande valor.

4. La verdadera religiosa debe ser devota y procurar tener una grande prontitud V fervor: para conseguir esto, es necesario poner cuidado en que la conciencia no esté cargada de algún pecado, porque la culpa es de un peso tan grande, que el que la lleva no puede caminar cuesta arriba. Esta es la causa por que conviene confesarse a menudo, y no dejar jamás dormir el pecado en nuestro seno.

---

[32] Esta carta es la XXXI del libro II en la versión española.

Lo segundo, es necesario quitar todo lo que puede servir de lazo a los afectos de nuestra alma, que son las aficiones, las cuales se han de apartar y desasir de todo objeto, no solo malo, sino de aquel que no es muy bueno; porque un caballo clavado o con trabas, no puede correr.

5. Además de esto, es menester pedir a Nuestro Señor esta prontitud, y por eso ejercitarse en la oración y meditación, no dejando pasar algún día sin tenerla, por espacio de una horita; y en cuanto a la oración, le advierto a V. que primeramente no debe dejar nunca el oficio ordinario, que es precepto de la Iglesia, y antes se han de omitir todas las otras oraciones.

Segundo, después del oficio, se ha de preferirla meditación a todos los otros rezos; porque ella le será más útil, y más agradable a Dios.

Tercero, use V. de oraciones jaculatorias, que son unos suspiros de amor, que el alma envía a Dios para pedir su ayuda y socorro, para lo cual le servirá de mucho guardar en su imaginación el punto de la meditación que más le hubiere gustado, para rumiarle en el discurso del día, como se usa del libro de memoria para el cuerpo.

También para esto le servirá a V. una imagen devota pendiente del cuello o del rosario, trayéndola en las manos y besándola a menudo en honra de aquel que representa; y luego que dé el reloj decir alguna oracioncita con el corazón o la boca, como por ejemplo: ¡Viva Jesús! o bien, *hora es ya de dispertar;* o bien, *mi hora se acerca,* y otras semejantes.

Lo cuarto, no pasar día alguno, si es posible, sin leer algún poco en algún libro espiritual, y también antes de la meditación, para excitar el apetito espiritual.

6. Tenga V. por costumbre ponerse en la presencia de Dios por la noche antes de acostarse, dándole gracias porque le ha conservado haciendo el examen de conciencia, como lo enseñan los libros espirituales. A la mañana haga V. lo mismo, disponiéndose a servir a Dios todo el día, ofreciéndose a su amor y dedicándole el suyo. He entendido que por la mañana tiene V. su meditación, y que por la tarde antes suele leer el punto que quiere meditar en Fr. Luis de Granada, Belintany u otro semejante.

7. Para adquirir la santa prontitud en practicar bien las virtudes, no deje pasar ningún día sin ejercitar alguna acción particular a este intento, porque el ejercicio sirve maravillosamente para facilitar el camino a toda suerte de operaciones.

8. No deje V. jamás, por este principio, de comulgar todas las primeras semanas del mes, además de las fiestas principales, y en la tarde antes confesar y ejercitar una santa reverencia y alegría espiritual de ver que es V. tan dichosa que ha de recibir a su dulce Salvador, y hacer luego nueva resolución de servirle fervorosamente, la cual habiéndole recibido es necesario confirmar, no por voto, sino por un propósito bueno y firme.

El día de la comunión lo pasará V. lo más devoto que pueda, suspirando al que está dentro de V., y mirándole continuamente con los ojos interiores sentado en su corazón, como en su trono; y hará que vengan los sentidos uno tras otro, y las potencias, para oír sus preceptos y jurarle fidelidad. Esto se ha de hacer después de la comunión por una corta meditación de media hora.

9. Guárdese V. de mostrarse melancólica e importuna a los que la asisten, porque no lo atribuyan a la devoción y la menosprecien; antes por el contrario, les

comunicará V. lo que más pudiere de consuelo y contento, para que eso los haga honrar y estimar la devoción y desearla.

10. Procure V. el espíritu de dulzura, alegría y humildad, que son los más propios de la devoción, como también la tranquilidad, sin acongojarse por esto ni por lo otro, sino andar el camino de devoción con una entera confianza en la misericordia de Dios, que le guiará por la mano hasta la patria celestial, y para esto guárdese de riñas y altercados.

11. En cuanto a la calidad de abadesa, que es decir, madre de un monasterio, le obliga a V. a que procure el bien de todas sus religiosas, por la perfección de sus almas, y por consiguiente a reformar sus costumbres y toda la casa.

12. El modo de hacer esto, al principio, debe ser dulce, gracioso y alegre, sin comenzar por la represión de cosas que han sido toleradas hasta ahora: lo que debe V. hacer es, mostrar, sin decirles palabra, todo lo contrario en su vida y conversación, ocupándose delante de ellas en santos ejercicios, como será haciendo algunas veces oraciones en la iglesia, o también la meditación, rezando el Rosario, haciendo leer algún libro espiritual, mientras trabajase con la aguja, acariciándolas más dulce y modestamente que nunca, haciendo una especial amistad con aquellas que se aplicaren a la devoción, no dejando por eso de acariciar a las otras, para ganarlas y atraerlas al mismo camino.

13. Sea V. muy parca en las conversaciones mundanas, y no permita, sino cuando no pudiere menos, que se tengan en su celda, para procurar poco a poco que el dormitorio de las religiosas esté enteramente exento de esto; lo cual será bien necesario, y un gran medio para ello el ejemplo.

14. Durante la comida procure V. que se lea algún buen libro espiritual, como Fr. Luis de Granada, el *Kempis o Desprecio del mundo,* Gerson, Belintany y otros tales, y procure que esto sea todos los días.

15. En el oficio conviene que la postura devota dé a todas las religiosas regla de modestia y reverencia, lo cual fácilmente hará V., si se pone en la presencia de Dios al principio de cada oficio. Entiendo que sería cosa útil y provechosa introducir el Breviario del concilio Tridentino.

16. No pretenda Y. al principio mucha austeridad, sino ser agradable a todo el mundo, fuera de las personas muy mundanas, con las cuales conviene ser corta y retraída.

17. Será bueno que se valga V. de sus religiosas para que la ayuden en el gobierno de las cosas temporales, y para que tenga más comodidad de aplicarse a lo espiritual y a los oficios de caridad.

18. En fin, no se acongoje V. en estos principios, sino ejecute aquello que hiciere, tan alegre y con tanta suavidad, que todas sus hijas tomen ocasión de querer abrazar la devoción poco a poco; y cuando las viere embarcadas, entonces convendrá tratar más enteramente de restaurar la perfección y la regla, que será el mayor servicio que puede V. hacer a Nuestro Señor: pero todo esto debe proceder no tanto de la autoridad como del ejemplo y dulce gobierno.

19. Dios la llama a V. para todas sus santas obras: escúchele y obedézcale. Jamás piense que ha empleado mucho trabajo y paciencia en prosecución de un tan gran bien, que será muy dichosa si al fin de sus días puede decir como Nuestro Señor: *He consumado y perfeccionado la obra que habéis puesto en mis manos.*

Deséelo V. y procúrelo: piense en ello y suplíquelo, que Dios, que ha dado a V. la voluntad para desear, le dará fuerzas para hacerlo bien.

Meditación para el principio de cada mes, antes de la comunión.

Poneos en la presencia de Dios:[33] suplicadle que os inspire: imaginad que sois una pobre criada de Nuestro Señor, que os ha puesto en este mundo, como en su casa.

Pedidle con humildad os declare para qué os ha puesto en ella, y considerad que no es por alguna necesidad que de vos tenga, sino para ejercitar con vos su liberalidad y bondad: porque para daros el cielo, y para que le podáis conseguir os dio el entendimiento para conocerle, la memoria para acordaros de Él, la voluntad y el corazón para amarle, y a vuestro prójimo, la imaginación para que os le representéis con sus beneficios; y lodos vuestros sentidos para que le sirváis, las orejas para oír sus alabanzas, la lengua para repetirlas, los ojos para contemplar sus maravillas, y así de los demás.

2. Considerad, que siendo creada para este fin, todas las acciones contrarias a Él se deben evitar con mucho esmero, y las que nada conducen a Él se deben menospreciar.

3. Considerad la desdicha grande que hay en el mundo, pues se ve que la mayor parte de los hombres de ninguna mañera piensan en esto, antes les parece que están en el mundo para edificar casas, arreglar

---

[33] Se ha dejado en esta parte de la carta el tratamiento francés *Vos*, porque en las meditaciones no desdice, pudiendo servir a muchos a la vez.

jardines, poseer viñas, juntar oro, y otras cosas transitorias por el estilo.

4. Representaos vuestra miseria, que algún tiempo ha sido tan grande, que habéis sido de los de este número. ¡Ay Señor! diréis; ¿qué pensaba yo cuando no pensaba en Vos? ¿De qué me acordaba cuando me olvidaba de Vos? ¿Qué amaba cuando no os amaba? ¿No era miserable en seguir la vanidad en lugar de la verdad? El mundo, que fue hecho para servirme, mandaba en mí y tenía señorío sobre mis aficiones. Os renuncio, pensamientos vanos, recuerdos inútiles, amistades infieles, servicios perdidos y miserables.

Resolveos y haced firme propósito de aquí en adelante de ocuparos fielmente en lo que Dios quisiere de vos, diciéndole: —Vos seréis desde hoy la única luz de mi entendimiento, Vos seréis el objeto de mi memoria, que no se ocupará en más, que en representarme la grandeza de vuestra bondad tan dulcemente ejercitada conmigo, y Vos seréis las únicas delicias de mi corazón, y el único amado de mi alma.

Aplicación particular

¡Oh Señor! tengo tales y tales pensamientos; pero de aquí en adelante me abstendré de ellos. Tengo mucha memoria de agravios e injurias; pero la perderé desde hoy. Tengo mi corazón todavía pegado a tal y tal cosa, que es inútil o perjudicial a vuestro servicio y a la perfección del amor que os debo; la retiraré y desprenderé enteramente, mediante vuestra gracia, para que todo lo pueda consagrar a serviros.

Rogad a Dios fervorosamente que os haga esta gracia, y practicadla este mismo día en cualquier cosa tocante a este punto. Repetid a menudo las palabras de san Bernardo, y a su imitación excitando vuestro corazón, decid:[34] —Rosa, ¿a qué viniste a este mundo? ¿Qué haces? ¿Haces lo que mi Señor ha puesto a tu cargo, y aquello para lo que te envió a este mundo, y por lo que te conserva?

Ninguno será coronado de rosas que primero no lo sea de las espinas de Nuestro Señor. El que desea vuestra perfección en Dios, en cuyas entrañas es Vuestro muy humilde servidor.

Francisco, *Obispo de Ginebra.*

---

[34] Alude al dicho de san Bernardo: *Ad quid venisti, Benarde?* Bernardo, ¿a qué has venido al monasterio?

CARTA XXI
A UN CABALLERO

Dale muchos buenos consejos para ejecutar el intento que tenia de retirarse del mundo.[35]

Señor mío: Ande V. y bendiga a Nuestro Señor, por la favorable inspiración que le ha dado de retirarse del grande y ostentoso boato que los de su edad y profesión acostumbran seguir, y por el cual ordinariamente vienen a dar en mil vicios e inconvenientes, y de ahí muy ordinariamente en la condenación eterna.

En fin, para hacer fructífera esta divina vocación y para entender más claramente el estado que debe V. elegir para la mayor satisfacción de esta misericordia infinita, que le convida a su amor perfecto, le aconsejo que practique estos ejercicios por los tres meses siguientes.

Primeramente, que corte V. algunas satisfacciones sensuales, que en algún modo pudiera tomar sin ofender a Dios; y que para eso se levante siempre a las seis de la mañana, ya sea que haya dormido bien o mal, con tal que no está enfermo; porque entonces es menester condescender con el mal: y por hacer algo más el viernes, levántese V. a las cinco. Así tendrá más tiempo para la lectura y oración.

Item, que se acostumbre V. a rezar todos los días, antes o después de la oración, quince *Pater noster* y quince *Ave Marías,* extendidos los brazos en cruz.

Además de esto, renuncie V. a los placeres del gusto, comiendo los manjares que le pusieren a la mesa, los cuales serán los que para V. fueren menos

---

[35] Esta carta es la LXXVII del libro VI en la versión española.

agradables, con tal que no sean malsanos, y dejando aquellos a que por su gusto tuviere más inclinación.

Por lo demás, también quisiera que algunas veces en la semana se acostara vestido: estas pequeñas y débiles austeridades le servirán a V. para dos fines.

Lo uno, para alcanzar más fácilmente la luz de que necesita su espíritu para hacer la elección; porque la mortificación del cuerpo, en los que tienen buenas las fuerzas y la salud, eleva maravillosamente el espíritu. La otra, para ensayarse y probar si tiene V. disposición para ella, y qué repugnancia hallará al ejecutarla: esta prueba es necesaria para juzgar si es débil la inclinación que tiene al retiro del mundo; y si V. es fiel en la práctica de lo poco que le propongo, se podrá inferir cuál será en lo mucho que se ejercita en las religiones.

Pida V. con instancias a Nuestro Señor que le ilumine, y dígale a menudo las palabras de san Pablo: —Señor, ¿qué queréis que haga? *Domine, quid me vis facere?* Y las de David: *Doce me facere voluntatem tuam, quia Deus meus es tu.*

Sobre todo, si despertare V. entre noche, procure emplear bien aquel tiempo en hablar a solas con Nuestro Señor sobre la elección de estado: protéstele V. a menudo que resigna y deja en sus manos la disposición de todos los momentos de su vida, y que se digne emplearlos a su gusto.

No falte V. jamás a la oración de la mañana y tarde, y cuando pudiere, tenga un poquito de retiro antes de cenar, para poner el corazón en Nuestro Señor. Sean los pasatiempos que hubiere de tener los más vigorosos, como montará caballo, correr y otros tales; no los blandos, como jugar a los naipes, billar, etc. Mas si en los primeros le tienta algo de vanagloria, dirá: "¡Ay, de qué me sirve todo esto para la eternidad?"

Comulgue V. todos los domingos, y siempre con oraciones para alcanzar la luz necesaria; y en los días de fiesta podrá visitar por vía de ejercicio los santos lugares de los Capuchinos, San Bernardo y los Cartujos.

Quiera Dios concederle a V. su paz, su gracia, su luz y su santísima consolación. Si sintiere que la inspiración le inclina a entrar en religión y que su corazón se prenda, trátelo con su confesor, y en caso de que tome resolución, vaya V. disponiendo para eso a su abuelo, para que caiga lo menos que fuere posible sobre la religión el enojo y disgusto de la retirada de V., y sea V. solo sobre quien recaiga. *¡Oh qué bueno es Dios para Israel, y qué bueno para los rectos de corazón!*

Punto 1º. Considere V. primeramente que habiendo podido Dios nuestro Señor obligar sus criaturas a toda suerte de servicios y obediencias a su divina Majestad, no obstante no lo ha querido hacer, antes se ha contentado con obligarnos a la obediencia de sus mandamientos; de manera que si le hubiera agradado ordenar que ayunásemos toda nuestra vida, que hiciéramos todos vida de ermitaños, de cartujos, de capuchinos, aun esto fuera nada, respecto de la grande obligación que le tenemos; y con lodo eso se ha contentado con que sencillamente guardemos sus mandamientos.

Punto 2º. Considérese lo segundo, que aunque no nos ha obligado a mayor servicio, que al que le hacemos al guardar sus mandamientos; es cierto, no obstante eso, que nos ha llamado y aconsejado para hacer una vida más perfecta y guardar un entero abandono de las vanidades y codicias del mundo.

Punto 3º. Lo tercero, considérese que ya sea que abracemos los consejos de Nuestro Señor, entregándonos a una vida más estrecha, ya sea que nos quedemos en la vida común y en la mera observancia de los mandamientos; en uno y otro tendremos dificultad.

Porque si nos retiramos del mundo tendremos el trabajo de estar perpetuamente refrenando y sujetando nuestros apetitos, de renunciarnos a nosotros mismos, de resignar nuestra propia voluntad y de vivir en una absolutísima sujeción bajo las leyes de la obediencia, castidad y pobreza.

Si nos quedamos en el camino común, tendremos una perpetua pena en pelear con el mundo, que nos cercará; en resistirá las frecuentes ocasiones de pecar que se ofrecerán, y en tener resguardada nuestra barca entre tantas tempestades.

Punto 4°. Considérese en cuarto lugar, que en la una y en la otra vida, sirviendo bien a Nuestro Señor, tendremos mil consuelos fuera del mundo. El contento solo de haberlo dejado todo por Dios, vale más que mil mundos; la dulzura de ser guiados por la obediencia, de ser conservados por las reglas y de estar como seguros de las mayores asechanzas, es de grande suavidad; dejando aparte la paz y tranquilidad que allí se halla, el placer de estar ocupado noche y día en la oración y cosas divinas, y otras mil delicias de este género.

Y en cuanto a la vida común, la libertad, la variedad de servicios que el cristiano puede hacer a Nuestro Señor, la comodidad de no tener que guardar más que los mandamientos de Dios y otras cien tales consideraciones, la hacen muy deleitable.

Conclusión

Entendido esto, dígale a Nuestro Señor: —"¿En cuál de estos estados os serviré?" ¡Ay alma mía, donde tu Dios te llame le serás fiel; ¿pero en qué parte te parece le servirás mejor?

Examine V. un poco su espíritu para saber si siente más inclinación a una parte que a otra: en habiéndola descubierto, aun no haga V. resolución, antes espere V. a lo que se le dijere.

Otras consideraciones

Punto 1°. Imagínese V. que ve a san José y a la santísima Virgen a punto de parir, llegar a Belén y buscar posada por todo aquel lugar, sin hallar alguna que los quiera recibir. ¡Ay Dios, cómo menosprecia y desecha el mundo a personas celestiales y santas; y cómo estas almas santas abrazan este desprecio voluntariamente, no se alborotan, no dan muestras de su calidad; antes con toda sencillez reciben aquellas repulsas y asperezas con una suavidad incomparable.

¡Oh cuán miserable soy yo! El menor olvido que uno tenga de la honra quisquillosa que se me debe, o que imagino se me debe, me turba, me inquieta, y excita mi arrogancia y fiereza: siempre me pongo a viva fuerza en los primeros fugares. ¡Oh cuándo tendré yo la virtud del menosprecio de mí mismo y de las vanidades!

Punto 2°. Considérese como san José y Nuestra Señora entran en la cueva y portal, que a veces servía de establo a los forasteros, para tener allí el glorioso parto del Salvador. ¿Dónde están los soberbios edificios que la ambición del mundo levanta para habitación de viles y detestables pecadores? ¡Oh qué menosprecio de las grandezas del mundo nos enseña este divino Salvador!

¡Cuán dichosos son aquellos que saben amar la santa sencillez y moderación! ¡Oh miserable de mí! que necesito palacios, y aun no me son bastantes, cuando mi Salvador está debajo de un techo, tan malparado, y aposentado sobre el heno pobre y lastimosamente.

Punto 3°. Considérese a este divino infante recién nacido, desnudo, helado, dentro de un pesebre, envuelto en mantillas.

¡Ay todo es pobre, todo es vil y despreciado en aquella acogida! ¡Y qué delicados somos nosotros! ¡Y qué sujetos a nuestras comodidades, y ansiosos por las sensualidades! Conviene mucho excitar en nosotros el menosprecio del mundo, y el deseo de sufrir por Nuestro Señor los abatimientos, dificultades, pobrezas y necesidades.

Conclusión

Si se viere V. alguna vez con dificultad en tratar de sus flaquezas temporales, poco a poco se pasará eso. El espíritu humano da tantas vueltas y revueltas, sin que lo pensemos, que no se pueden excusar los visajes; pero el que hace menos es el mejor.

Francisco, *Obispo de Ginebra.*

CARTA XXII
A UNA SEÑORA

La instruye cómo se debe portar en las aflicciones y enfermedades.[36]

Amada hija: Dejemos por un poco la meditación: cuando retrocedemos es para saltar mejor; practiquemos bien esta santa resignación y el amor puro de Nuestro Señor, que nunca se practica enteramente sino entre los tormentos.

Porque amar a Dios en medio del azúcar, los niños pequeñitos harían otro tanto; más amarle en el acíbar es la mayor hazaña de nuestra amorosa fidelidad. San Pedro, aunque rústico, tuvo buen ánimo, sobre el monte Tabor, para decir, *¡Viva Jesús!* Más el decir, sobre el monte Calvario ¡Viva *Jesús!* eso no pertenece sino a la Madre y al amoroso discípulo que se le dejó por hijo.

En fin, hija mía, sepa que la encomiendo a Dios, para alcanzarle aquella bendita paciencia, y no tengo libertad para pedirle otra cosa para V., sino que según su voluntad forme ese corazón para aposentarse y reinar eternamente en Él; que le forme, digo, o con el martillo o con el pincel: así se ha de entender el que disponga de él a su gusto. ¿No es esto, querida hija? ¿No se debe hacer así?

He sabido que poco después se aumentaron los dolores de V., y al mismo paso creció mi sentimiento; bien que con V. alabé y bendije a Nuestro Señor, porque ejercita en ella su beneplácito, haciéndola participante de su santa cruz, y coronándola de su corona de espinas.

---

[36] Esta carta es la LIV del libro III en la versión española, y la DCCXCII en la edición francesa.

Pero me dice V. que mientras le aprietan los dolores no puede detener mucho su pensamiento en los trabajos que sufrió Nuestro Señor por V. Pues bien, bija mía, tampoco es necesario que le detenga V., sino que simplemente levante su corazón, con la mayor frecuencia que pudiere, a este Salvador, y que ejecute los actos siguientes:

1 °. Aceptar el trabajo de su mano, como si viera al mismo Señor que se le ponía y asentaba en la cabeza de V.

2°. Ofreciéndose a sufrir mucho más.

3°. Suplicándole por el mérito de sus tormentos que acepte estas pequeñas incomodidades, en unión de las penas que sufrió sobre la cruz.

4°. Protestando que quiere V. no solamente sufrir, sino también amar y acariciar los males, como enviados de tan buena y dulce mano.

5.° Invocar a los mártires y a tantos siervos y siervas de Dios que gozan del cielo, porque fueron muy afligidos en este mundo.

Ningún riesgo hay en desear el remedio, antes es menester buscarle cuidadosamente, porque Dios, que le ha dado a V. el mal, es también autor de los remedios. Conviene, pues, aplicarlos; pero con tal resignación, que si su divina Majestad quiere que el mal prevalezca, se conforme, y si quiere que el remedio venza, le bendiga.

Tampoco hay inconveniente en hacer los ejercicios espirituales sentada: de ninguna manera, hija mía; y aunque tuviera muchas menos incomodidades de las que sufre, digo que pudiera hacerlo.

¡Dios mío, hija mía! ¡Qué dichosa es V. si continúa estando bajo la mano de Dios, humilde, dulce, y suavemente! ¡Oh cómo espero que este mal de cabeza aprovechará mucho a su corazón! a su corazón, digo, a quien el mío ama de una manera particular.

Ahora es más que nunca, carísima hija, cuando con muy buenas señales puede V. testificar a nuestro dulce Salvador la afición con que le ha dicho y dirá: *¡Viva Jesús!*

Viva Jesús, hija mía, y reine en medio de sus dolores; pues no podemos nosotros vivir ni reinar sino por los de su muerte. Soy en Él totalmente suyo.

Francisco, Obispo de Ginebra.

CARTA XXIII
A UNA SEÑORA PARIENTA SUYA POR AFINIDAD

La consuela en la muerte de un hijo que había marchado a Indias.[37]

¡Oh qué pena tiene mi alma por su corazón! muy amada madre, porque yo veo (así me lo parece) ese pobre corazón maternal lodo cubierto de un pesar excesivo; pero pesar que no se puede culpar ni juzgar extraño, si se considera cuán amable era ese hijo, cuyo segundo apartamiento de nosotros es el motivo de nuestra amargura.

Carísima madre, así es verdad; este hijo querido es uno de los más amables que ha habido jamás: todos los que le trataron lo reconocieron, y lo reconocen también; pero ¿no es esta una grande parle del consuelo que debemos ahora buscar?

Porque, a la verdad, parece que aquellos cuya vida es tan digna de memoria y estimación, viven todavía después de su fallecimiento, pues se tiene tanto placer en recordarlos y representarlos a los espíritus de los que quedan acá.

Este hijo, carísima madre, se había alejado ya mucho de nosotros, habiéndose voluntariamente privado del aire del mundo en qué había nacido, por ir a servir a su Dios, a su rey y a su patria en otro nuevo mundo.

Su generosidad le animó para hacerlo, y la suya le hizo a V. condescender a tan honrosa resolución, por la cual renuncia el contento de volverle a ver en esta vida, y no le quedó a V. más que la esperanza de tener cartas suyas de tiempo en tiempo; y ved aquí, muy querida madre, que, por beneplácito de la Providencia divina, se

---

[37] Esta carta es la LIII del libro V en la versión española.

ha partido de aquel otro mundo para ir a aquel más antiguo y más apetecible de todos, al cual nos conviene a todos ir, cada uno en su tiempo, y donde le verá V. mucho antes que si estuviera en aquel nuevo mundo entre los trabajos de conquistas que pretendía hacer para su rey y para la Iglesia.

En suma, él acabó sus días mortales cumpliendo con su deber, y en la obligación de su juramento. Esta clase de fin es excelente, y no hemos de dudar que nuestro gran Dios le haya hecho venturoso, según que desde la cuna le favoreció continuamente con su gracia para hacerle vivir cristianamente.

Consuélese V., pues, muy amada madre, y alivie su espíritu, adorando la divina Providencia, que hace todas las cosas muy suavemente; y aunque los motivos de sus decretos nos están escondidos, la verdad de su clemencia se nos manifiesta y nos obliga a creer que hace todas las cosas con bondad perfecta.

Está V. ya casi de partida para ir a dónde está ese amado hijo; cuando llegue allá, no querría que él estuviera en las Indias, porque verá que está mucho mejor con los ángeles y los santos, que no con los tigres y con aquellos bárbaros.

Más entre tanto que llega la hora, sosiegue V. su corazón maternal por la consideración de la santísima eternidad en que él está, y a la cual está V. tan próxima; y en vez de las cartas que le escribiría hable V. con Dios por él, y con eso sabrá prontamente todo lo que quisiera que supiese, y recibirá toda la asistencia que V. le hiciere con sus sufragios y oraciones, al punto que las haya hecho V. y encomendado en las manos de la Majestad divina.

Los cristianos tienen mucha culpa de ser tan poco cristianos como son, y de violar tan cruelmente las leyes de la caridad por obedecer a las del temor.

Más, querida madre, es menester rogar a Dios por los que cometen tan gran mal, y aplicar esta oración por el alma de nuestro difunto. Esta es la más agradable oración que podemos hacer al que hizo otra tal sobre la cruz, a la cual su santísima Madre correspondió de todo su corazón, amándole con una ardentísima caridad.

No puede V. figurarse cuánto ha sentido este golpe mi corazón; porque al fin era mi querido hermano, que entrañablemente me amaba. He rogado por él, y siempre lo haré, y por V., mi muy amada madre, a quien quiero dar, mientras viva, particular honra y amor, en lugar de este hermano difunto cuya inmortal amistad me solicita sea cada día más, señora y carísima madre,

Su hijo y servidor humilde, fiel y obediente.

Francisco, *Obispo de Ginebra, a* 21 de mayo de 1615.

CARTA XXIV
A UNA SEÑORA

Instrúyela cómo se ha de portar en las calumnias.[38]

Señora: En pocas palabras respondo a *la* última pregunta de V.: que no he mudado de parecer después que escribí el libro de la *Introducción a la vida devota;* antes por el contrario, todos los días me voy afirmando más en mi dictamen, por lo que toca al sufrimiento de las injurias. Cuando viene la pasión, nos hace siempre desear la venganza; más cuando tenemos un poco de temor de Dios, no nos atrevemos a llamar a la venganza, sino al perdón.

Créame esa buena señora, y no se meta en cosas de pleitos por esas canciones, porque no será más que multiplicar el mal, en lugar de ahogarle. Jamás una mujer, que tiene el fundamento de la honra verdadera, la puede perder: ninguno creerá a esos infames detractores y coplistas; todos los tienen por malos: el mejor modo de reparar las ruinas que ellos hacen, es menospreciar sus lenguas, que son sus armas, y responderles con una santa modestia y compasión: más sobre todo, cuando ciertamente no hay rastro de apariencia que ese miserable difamador se sujete a reparar, cuanto esté de su parte, la injuria al arbitrio de los parientes, no se vaya a tomar ese otro camino de trampas, quiero decir, de laberintos y abismos de conciencia y de medios.

No me parecería mal que confesara su culpa declarando su atrevimiento, y pidiendo el olvido de él, porque, aunque él es de poca autoridad, habiendo cometido este acto, no obstante siempre esto da alguna luz para conocer la inocencia, al ver que sus enemigos

---

[38] Esta carta es la XVIII del libro III en la versión española.

le prestan homenaje; pero antes de venir al proceso, deberá ella hacer otra cualquier tentativa.

Tengo una reciente experiencia de la vanidad, o por mejor decir, del daño que los pleitos traen en estas ocasiones, con una de las señoras virtuosas que conozco, a la cual le ha ido muy malamente por no haber seguido mi consejo, sino la impetuosidad de la pasión de sus parientes.

Créame V., querida hija; la honra de la gente de bien está bajo la protección de Dios, que algunas veces permite la ofendan para hacernos ejercitar la paciencia, pero jamás la deja postrar sin levantarla al punto. Viva V. toda en Dios, por el cual yo soy, señora, su humildísimo servidor.

Vigilia de san Juan, 1621,

Francisco, *Obispo de Ginebra.*

CARTA XXV
A UNA SEÑORA

Le da consuelos y consejos con motivo de una difamación que había sufrido, y reglas acerca del examen anual de la conciencia.[39]

Mi carísima hermana: No he tenido la dicha de ver al señor N.; pero no he dejado de saber que ha estado V. afligida por causa de ciertos pasquines que han corrido por allá.[40]

Por mi parte quisiera soportar siempre las penas y trabajos de V., o a lo menos ayudarla a sufrirlos; pero puesto que la distancia de nuestras residencias no permite que la socorra de otra suerte, rogaré a Nuestro Señor que sea el protector de su corazón, y desvanezca de él toda tristeza desordenada.

Verdaderamente, mi cara hermana, la mayor parte de nuestros males son imaginarios, más que reales. ¿Piensa V. que el mundo cree esos pasquines? Podrá ser que algunos se entretengan con ellos, y que entren otros quizá en sospecha; más sepa V. que siendo su alma buena y resignada en las manos de Nuestro Señor, toda esa clase de insultos se desvanecen como humo en el viento, y mientras más recio es el viento, más presto desaparecen.

---

[39] Esta carta es la XXXV del libro V en la traducción española, y la DCCXC en la edición francesa.

[40] Entiéndase aquí por *pasquín,* como advierte la edición francesa, no precisamente un *cartel o escrito difamatorio* dado al público, sino más bien algunos dichos picantes y agudos que lastiman la reputación de un sujeto, o le hacen objeto de ridículo, como indica la misma carta. Lo que de los pasquines dice el santo, debe entenderse de los comunicados o artículos satíricos en los periódicos, que son los medios más usuales de difamación que se usan hoy día.

Nunca se cura tan bien el mal de la calumnia como con el disimulo, menospreciando el menosprecio, y manifestando por nuestra firmeza, que no nos da cuidado, principalmente en materia de pasquines; porque la calumnia que no tiene ni padre ni madre que la quiera admitir, muestra que es ilegítima.

Ahora bien, querida hermana; quiero decirle una palabra que san Gregorio dijo a un obispo afligido: *¡Ay!* (dice) *si vuestro corazón estuviera en el cielo, no te movieran los vientos de la tierra. A quien ha renunciado al mundo, nada de lo que pasa de parte del mundo le puede dañar.*

Arrójese V. a los pies del Crucificado, y verá V. cuántas injurias recibió: suplíquele, por la dulzura con que las toleró, que le dé a V. fuerzas para sufrir estos pequeños rumores, que como a sierva suya jurada le han cabido en suerte: *Bienaventurados los pobres, porque serán ricos en el cielo, perteneciéndoles su reino,* y bienaventurados los injuriados y calumniados, porque serán honrados de Dios.

Por lo demás, el examen anual de nuestras almas se hace así como V. lo entiende, por los defectos de las confesiones ordinarias, que se suplen con esta, para provocarse y ejercitarse en una humildad más profunda; pero sobre todo por renovar, no los buenos *propósitos,* sino las buenas *resoluciones,* que debemos aplicar por remedios a las inclinaciones, hábitos, y otras fuentes de nuestras faltas, a que nos halláremos más sujetos; pero es cierto que será más a propósito hacer este repaso delante del confesor con quien antes se hubiere hecho la confesión general, para que por la consideración y relación de la vida precedente con la siguiente se puedan mejor tomar las resoluciones necesarias en todas las ocasiones.

Esto será lo más aceptable; pero las almas que como V. no tienen esta comodidad, pueden hacerla con otro cualquiera confesor, el más discreto y sabio que hallaren.

A la segunda dificultad de V., amada hermana, digo que de ninguna manera hay necesidad en este examen de señalar particularmente el número, ni las circunstancias menudas de sus faltas, antes basta decir por mayor cuáles son las principales caídas, cuáles los primeros desvíos de su espíritu; y no cuántas veces ha tropezado, sino más bien si está muy sujeta y entregada al mal.

Pongo por ejemplo: no debe V. inquirir cuántas veces se ha dejado llevar de la cólera; porque puede ser que en esto haya macho que hacer, sino decir simplemente si está sujeta a este desorden; si luego que sobreviene queda V. por mucho tiempo en ella; si esto es con mucha amargura y violencia, y en fin, qué ocasiones le provocan a V. más de ordinario a ella: si es el juego, la altivez o la soberbia; si es la melancolía o terquedad (pero esto sea dicho por ejemplo), y así en poco tiempo habrá V. acabado su breve repaso, sin atormentar mucho la memoria, ni perder tiempo.

En cuanto a la tercera dificultad, algunas caídas en pecados mortales, con tal que no sean con intento de perseverar, ni con detención y complacencia en el mal, no impiden el adelanto que se ha hecho en la devoción; la cual, aunque se pierde pecando mortalmente, se recobra con todo eso al primer arrepentimiento verdadero que se hace del pecado; pero, como digo, cuando no ha sido con larga permanencia y adornecimiento en la culpa; de suerte que estos exámenes anuales son muy saludables a los espíritus que están todavía un poco débiles; porque si bien no están firmes de todo punto en las primeras resoluciones, con las segundas y las terceras las afianzarán más: y en fin, a fuerza de resolverse muchas veces se perfecciona la resolución de todo punto, y de ninguna manera se debe perder el ánimo; antes con una santa humildad, mirar su flaqueza, acusarla, pedir perdón, e invocar el socorro del cielo.

Su servidor en Nuestro Señor,

Francisco, *Obispo de Ginebra.*

Made in United States
Orlando, FL
27 January 2024

42968978R00061